# 水脉

带你读懂广州

『老城市　新活力』丛书

广州日报读懂广州工作室　著

广州出版社
GUANGZHOU PRESS
广州新华出版发行集团

**图书在版编目（CIP）数据**

带你读懂广州水脉 / 广州日报读懂广州工作室著 . 广州 : 广州出版社 , 2025. 6 (2025. 11 重印). -- (“老城市 新活力”丛书). -- ISBN 978-7-5462-3905-7

Ⅰ. K928. 4

中国国家版本馆 CIP 数据核字第 20257RJ987 号

出 版 人　柳宗慧
书　　名　带你读懂广州水脉
　　　　　Dai Ni Dudong Guangzhou Shuimai
出版发行　广州出版社
　　　　　（地址：广州市天河区天润路 87 号 9、10 楼
　　　　　邮政编码：510635　网址：www.gzcbs.com.cn）
责任编辑　霍婉兰
责任校对　王俊婕
装帧设计　胡广俊（Gwangjun.com）
印刷单位　深圳市新联美术印刷有限公司
　　　　　（地址：深圳市龙岗区平湖街道鹅公岭社区凤凰大道凤门园工业园 1 号 A 楼 101、201、301　邮政编码：518111）
规　　格　787 mm ×1092 mm　1/32
印　　张　8.25
字　　数　168千字
版　　次　2025 年 6 月第 1 版
印　　次　2025 年 11 月第 2 次
书　　号　ISBN 978-7-5462-3905-7
定　　价　58.00 元

广州红

鸦岗

# 总序

广州，是一座什么样的城市？

习近平总书记曾指出，广州是中国民主革命的策源地和中国改革开放的排头兵。1000多年前，广州就是海上丝绸之路的一个起点。100多年前，就是在这里打开了近现代中国进步的大门。40多年前，也是在这里首先蹚出来一条经济特区建设之路。

广州地处南海之滨，是首批国家历史文化名城，也是国际大都市中少见的拥有完整山水格局的城市。

“青山半入城”，“六脉皆通海”。山，犹如广州的城市“基座”。大自然的鬼斧神工，将6亿年前的汪洋雕琢成如今绵延千里的南岭山脉。南岭峰峦叠嶂，是长江流域与珠江流域的天然界碑，不仅为岭南大地带来丰富的自然资源和独特的生态环境，也造就了广州这座历史文化名城。南岭余脉延至广州城内，化作标志性的白云山、越秀山以及无数的岗丘。早在2200多年前，秦将任嚣便在番山、禺山之麓建“任嚣城”，拉开广州城与山共生的序章。

群山之间，清泉潺潺，汇聚成溪，融入发达而繁复的珠江水系，一路奔腾入海，并在山水相连、江海交汇处，孕育出广州城。这里河涌密布，水网纵横，湖泊星罗棋布。水，不仅滋养了广州人的生命，还培育了广州人的思维方式，广州人的日常生活、言语表达，都不离“水”。时至今日，广州依然保留了濠、涌、滘、沥等众多的“水”地名，以及醒水、心水等丰富的“水”方言。

山水交织，滋养了广州独特的城市演进脉络，造就了一座长盛不衰的商贸之都，也孕育了厚重的岭南文化。

得天独厚的山水格局塑造了广州与其他大都市不一样的城市肌理。走在热闹的北京路上，高大的榕树挂满了红色灯笼，脚下是从唐代直到民国时期的 11 层路面一一叠压。从任嚣建番禺城，到宋扩建三城开凿六脉渠，从明代扩展北城墙至越秀山，到民国拆城墙、开马路，再到如今珠江新城等 CBD 崛起，2200 多年，广州城沿着云山珠水的地理格局，从 0.05 平方公里扩展至 7434.40 平方公里，谱写出波澜壮阔的城脉史诗。

广州因山水而生，又因商而兴，“千年商都”是广州的响亮名片。2200 多年来，广州凭借山、水、江、海交汇的独特优势，始终是中国连通世界的一扇大门。秦汉时期，异域的奇珍异宝，从海路来到广州，经珠江水系辗转中原。唐宋时期，广州通海夷道可以抵达波斯湾、东非等地。官府在今光塔路一带设置蕃坊，供远道而来的外国商人居住。“临江喧万井，立地涌千艘”，明代广州往来商船络绎不绝。在清代，欧美商人奔赴广州贸易，成就了以广州十三行为核心的“天子南库”的繁盛。1957 年创办的广交会，货通四海，成为中国对外贸易的“晴雨表”“风向标”。千年商脉，生生不息。

山水之城，江海之交，千百年来，南北文化在此融合共荣、中外文明在此交流互鉴，孕育出多姿多彩、勇于革新的广府文化。秦汉时期，中原礼乐文化与本土文化在此共舞；唐宋时期，“外国衣装盛，中原气象非”，异域风情沿海上丝路而来；明清以降，广州成为中西文化碰撞交融的前沿阵地，催生了广府文化璀璨成果。自东汉“岭海儒宗”陈元首开岭南人办学之风，一代又一代名师硕儒在此开坛讲学、薪火相传，尤其是书院兴起后，更是学派纷呈，名人辈出。以“三雕一彩一绣”为代表的广州工艺美术技艺声名远扬，在对外经贸与文化交流中发挥了重要的作用，彰显着“千年商都”的风范和深厚的历史底蕴。在传承发扬、创新求变中诞生的岭南三大艺术瑰宝——粤剧、广东音乐、岭南画派，更是融通中西文化，至今仍保持着充沛的活力。

城依山而建，商因水而兴，文因城、商而盛。山、水、城、商、文相互交织绵延，共同塑造出广州兼收并蓄、开放包容、敢为人先、锐意进取的城市性格。这种性格，已然化作城市发展的基石与底色，让这座千年古城始终焕发生机与活力。

五岭巍峨，珠江潮涌，南海滔滔，烟火繁华。“老城市新活力”丛书之“带你读懂广州”书系五个分册，分别从山、水、城、商、文五个维度，用新闻的笔法、历史文化的视角、生活化的表达，引领读者读懂古今广州，感悟岭南文化。

赓续传承、奔赴山海，这套丛书既是对广州山水自然和历史人文的深情致敬与礼赞，更是续写城脉、商脉、文脉传奇的诚挚邀约与热切期待。诚邀每一位读者，跟随这套丛书，走进广州、读懂广州，与这座城市共同续写新的传奇。

“带你读懂广州”书系编委会

二〇二五年五月

城兴源　勇弄潮

水，是生命之源，广州负山面海，襟带三江。奔腾不息的江水，蜿蜒两千里，江水入海的辽阔，描摹出云山珠水“六脉皆通海，青山半入城”的南国水墨。水，也是广州的文化之魂，守望千年商都，滋养美丽花城。广州，因水而开放包容，因水而敢为人先。水，孕育广州，演绎文明。

《带你读懂广州水脉》一书以珠江水系为脉络，从三江入粤开篇，到八门出海收尾，中间是珠江水道变迁、沙洲演化、濠水护城、湖涌排涝、商贸码头、跨江大桥以及龙舟文化等与水密切相关的内容，从自然地理到人文风情，立体展示“水”对于广州城的意义。

山水相间，依水而建。这个“水”，主要指珠江。“珠江”得名于海珠石的美丽传说。历史上狭义的珠江特指广州市区到入海口 96 公里长的一段，后来逐渐成为西江、北江、东江和珠江三角洲诸河的总称，年径流量 3300 多亿立方米，在国内仅次于长江。在珠江三大干流中，西江最长、径流量最大、流域面积最广，其上源被公认是珠江源头，发源于云贵高原乌蒙山系马雄山，流经云南、贵州、广西、广东、湖南、江西等地，在下游珠三角漫流成网河区，经由虎门、蕉门、洪奇门（沥）、横门、磨刀门、鸡啼门、虎跳门和崖门等八大口门汇入滔滔南海。

珠江三大支流在广东融汇后，孕育出肥沃的珠江三角洲。广州地处珠三角腹地，珠江水道穿城而过，塑造了河网交错、湖泊众多的云山珠水格局。从最早的任嚣城到如今的国际化大都市，广州依水而建，因水而兴，顺水而扩，可谓“大海环其东，众水汇于前，群峰拥于后”。在广州的地名中，与水相关的也不在少数，如“沙”“滘”“围”等。这些名字不仅记录了广州的地理特征与历史变迁，更承载了这座城市的文化记忆与情感纽带。

因水而兴，亲水生活。珠江水也为广州提供了庞大的水运交通网络，使得广州自建城以来始终保持重要港口和商业都会的地位，成为内陆腹地和海洋商贸的交汇地，是世界上唯一一座持续繁荣两千多年的贸易大港，耸立起广州千年商都的城市形象，造就了广州人的亲水性格。

有人说，广州人的身体里除了血液，还奔涌着三种液体：靓汤、糖水与凉茶，它们甚至被称为广州人的“魔法药水”。这虽然是一句戏言，但却是广州人亲水的生动写照。

以水为荣，敬水文化。在广州人的精神世界里，水不仅是城市格局的塑造者、一种自然资源，更是一种文化符号和精神寄托。广州人以水为财，认为水是财富的象征、吉祥的源泉，对水有着特别的喜爱与尊崇。这种信念在城市的建筑、命名以及民俗活动中都有着深刻的体现。在广州的传统建筑中，水元素被广泛应用，成为连接人与自然、人与城市的桥梁。如私家园林中的池塘、溪流，公共建筑前的水景设计；大小古村新城，都有北帝庙、龙母庙、妈祖庙等供奉各路水神、海神的寺庙。广州方言里，涉“水”的常用词语极其丰富：聊天叫“吹水”，拿钱叫“扑水”，借钱称“踱水”；“水脚”意指路费，给钱、付费则谓“磅水”；伶俐机灵则谓之“醒水”，比喻反应敏捷如流水，十分生动贴切。凡此种种，广州人水色浓郁的常用词可谓风韵别致。

广州的民俗活动中也充满了水元素。每年端午节期间的龙舟竞渡就是广州水文化最为生动的展现之一。各村的龙舟队在河涌激流勇进，龙舟上鼓声震天、桨影翻飞，参赛者们齐心协力、奋勇向前。这一幕幕激动人心的场景，正是广州人团结拼搏、勇立潮头的生动写照。

因此，水，不只给我们提供了水源，滋润了大地，更为我们孕育出灿烂辉煌的岭南文化。

# 目录

第三章



第四章

第七章



第八章

# 第一章 珠水千里出马雄

文一 张忠安

马雄一水滴三江，珠流千里润四方。

珠江，是由西江、北江、东江及珠江三角洲诸河汇聚而成的复合水系，年径流量3300多亿立方米，在国内仅次于长江，是黄河年径流量的7倍。珠江绵延流经云南、贵州、广西、广东、江西、湖南六省（自治区）及港澳地区，经虎门、蕉门、洪奇门等八大口门汇入南海。珠江一路奔腾，塑造了沿途仪态万千的自然和人文风物，成为中华文明的发源地之一。如今的珠江，既是广州人赖以生存的物质家园，也是其心灵所寄的精神家园。

# 马雄一水滴三江

第一章·第一节

## 万里寻源徐霞客

乘船夜游珠江是许多游客和市民喜爱的活动。珠江波光粼粼，城市光影绚烂，让人赞叹不已。沃水千里，源出马雄，眼前宽阔的珠江，发源于千里之外云贵高原乌蒙山系马雄山的一个山洞里。

摊开中国地图，黄河、长江自西向东流，支流、干流清晰。再看珠江，却是一众江河各自奔腾，直到滔滔南海，才真正聚首。在珠江三大干流中，西江最长、径流量最大、流域面积最广，其源头也被公认是珠江的源头。

明末以前，人们并不清楚珠江的发源地到底在哪里。明崇祯十一年（1638年），一位江苏人戴着斗笠，沿西江逆流而上，从广西进入云南，考察珠江发源地。他，就是明代地理学家徐霞客。徐霞客一生绝大部分时间都在旅行考察中度过，“达人所之未达，探人所之未知”。他曾两次横跨云贵高原，采用追踪水系源流和目测山水走向的方法，沿途探访、询问知情人士，收集史志文献，写下了著名的《盘江考》。在这篇文章中，徐霞客说：“南北两盘江，余于粤西已睹其下流，其发源俱在云南东境。”他又说：“南盘自沾益州炎方驿南下。”这是历史上珠江的源头首次得到确认。炎方，即今天的云南省曲靖市沾益区炎方乡。沾益区位于云南省东北部、曲靖市中部，古代曾为沾益州，因为处于水陆交通要道的特殊地理位置，故有“入滇锁钥”和“入滇第一州”之称。

直到 1985 年，珠江水利委员会在多次考察论证的基础上，根据“惟远是源”和“流水不断”的原则，正式确定云南省曲靖市沾益区马雄山东麓出水洞为珠江正源。

## 出洞细水聚成江

马雄山属于乌蒙山系，珠江源风景区就位于叠翠山峦间。这个景区是国家级森林公园，为保护珠江源头而建。景区树木高大挺拔，郁郁葱葱，空气温润清新，沁人肺腑。景区中有一个大湖，湖面平静。湖的尽头有一处切面断壁，哗哗流水从断壁下的洞中汩汩而出。这水洞便是珠江的源头。湖面不远处，一座钢丝吊桥横卧水上，被叫作“溯源渡”，寓意“追溯珠江，渡桥寻源”。

要近距离感受珠江出水洞的神秘，就要穿过溯源渡，走过一段石阶小路，到达湖的另一边。洞口不大，高约四米，宽约六米，洞内石乳下垂，怪石嶙峋。汩汩涌出的清水在洞口与湖面之间形成约两米高的“珠江第一瀑布”，水声隆隆。洞口上方有“珠江源”三个大字，题于 1985 年，由时任水利电力部珠江水利委员会主任刘兆伦题写。洞口两旁还有四块题字石碑，这是云南、贵州、广西、广东四地为珠江源立碑而题写的。四块石碑上的题字都聚焦于一个“源”字，但内涵不同，彼此联结。第一块石碑上有时任云南省省长普朝柱题写的“源远流长”四字，强调珠江发源于云南。第二块石碑上的“同源共济”由时任贵州省省长王朝文所写，寓意同根同源、同根同基。时任广西壮族自治区人民政府主席韦纯束在第三块石碑上题写了“西水源源”四字，寓意西江是华南地区最大的一条江，发源于马雄山。最后一块石碑是时任广东省省长叶选平题写的“饮水思源”四字，寓意广东人不忘本，始终铭记珠江水的恩泽。

此外，洞口四周还有很多题词、题诗，增添了珠江源历史人文的厚重感，让马雄山也显得更雄伟壮阔。马雄山海拔 2444 米，在群山雄峙的云贵高原上只能算一个低矮山头，但这里沟壑纵横，常年云缠雾绕，林木青翠，山花烂漫，杜鹃花竟也长成了大树。爬上马雄山顶，站在三江亭远眺，群山如骏马，山岭成背，万木成鬃。马雄山主峰是江河的分水岭，按当地人的说法，一滴水落到马雄山，被分流到南盘江、北盘江和牛栏江。牛栏江接长江入东海；南、北盘江流珠江入南海。正所谓“一水滴三江，一脉隔两盘”。

^ 珠江源位于云南省曲靖市沾益区马雄山东麓出水洞（李波摄）

^ 马雄山上的三江亭（李波摄）

# 一路奔腾到南海

第一章·第二节

## 水道沿途如画风光

离开马雄山母体的珠江，从云贵高原腹地出发，开启了一路逆袭、一路灌溉、一路为民造福的历程。水出珠江源，形成第一条河流——此时她还不叫珠江，而叫南盘江。南盘江全长914公里，沿途塑造了一连串大大小小的盆地。在南盘江的润泽下，这些盆地成了云南的粮仓。而在马雄山的另一侧，北盘江也迈步向前，奔腾在云南与贵州的连接线上。

南盘江滋养的第一座城市是曲靖。曲靖是云南第二大城市，素有“入滇门户”之称。南盘江路过曲靖城时，形成了灿烂的罗平油菜花田，又在陆良“造”出彩色沙林的自然奇观。

流到云南玉溪，南盘江遇上琉璃万顷的抚仙湖。远古的造山运动塑造了这座中国蓄水量最大的深水型淡水湖。它最深处超过150米，蓄水量是近在咫尺的滇池的13倍多。只不过，滇池流入长江，而抚仙湖选择了珠江。抚仙湖出口水道有近400米的落差，帮助南盘江冲破深山峡谷，直奔她的第一个命运转折点——云南开远市灯笼山。在这里，南盘江没有跟随大多数河流继续南下，而是突然向东，再折往东北，画出了一个惊人的“U”字形大拐弯，塑造了雄壮的盘江赤壁。明代状元杨慎在此感叹：“悬崖峭壁插天空，势领滇南第一雄。”如果没有这个大转弯，珠江的传奇将被改写。

南盘江浩浩荡荡挺进高山峡谷之中，沿着滇、黔、桂三省（自治区）交界处披荆斩棘，奋力向前。南盘江一路接纳了清水江、黄泥河等，给地球留下一道美丽的“疤痕”——马岭河大峡谷，这里有着“百瀑凌空崖壁挂，千岩垂水洞溶涵”的美景。

流至贵州蔗香镇，南盘江终于和从北面绕道而来的北盘江重逢，在滇、黔、桂三地画了一个圆，孕育出世界茶园和美丽的黔西南，这里走出了无数不惧千山万水的背茶人。重逢后的南、北盘江，得名红水河，珠江自西向东的征程自此开启。红水河因流经红色砂贝岩层、水色红褐而得名。穿越一片瑶乡之后，红水河在广西来宾与柳江汇合，改称黔江。黔江河道狭窄弯曲，险滩浪急，形成有“珠江三峡”之称的大藤峡。150多年前的清同治年间，一位叫周淑贤的广西桂平人提出了在黔江修建水利工程的大胆设想，孙中山所著的《建国方略》也曾提出建设西江水利枢纽的设想。如今大藤峡水利枢纽已经由构想变为现实，在调控西江径流、保障粤港澳饮水安全等领域有着不可替代的作用。

在周淑贤的家乡，黔江与几乎并肩同行的郁江相会，更名为浔江。浔江不长，只有172公里。它在广西梧州与桂江合二为一。桂江上游是漓江，与都江堰、郑国渠齐名的灵渠就在漓江上游。公元前221年，秦始皇统一六国。3年后，秦始皇发兵50万欲征岭南。粮草水运到广西兴安县时，被南岭所阻。运粮官史禄经过勘察后，组织士兵和当地居民在湘江（长江支流）和漓江（珠江支流）之间凿出一条30多公里长的运河，史称灵渠。公元前214年，灵渠修通，加快了珠江流域与黄河、长江流域的商贸往来和文化融合。灵渠是珠江历史上有文献记载以来较早的水利工程，2018年入选世界灌溉工程遗产名录。

浔江与桂江的交汇，让从马雄山出发的这条江，从此更名为西江。

∧ 南盘江在贵州兴义“劈出”景色绝美的马岭河大峡谷（周娴摄）

## 三江入粤始有“珠江”

西江一路向前，在广东佛山三水遇上迎面而来的北江，珠江干流首次相聚。北江是珠江第二大干流，发源于江西信丰县，全长约600公里，主流浈水在广东韶关与武水汇合后，始称北江。北江从北往南，穿越南岭，在清远境内“劈”开飞霞山，随后拐了一个大弯。一千年前，大文豪苏东坡经过飞来峡时曾留下《峡山寺》一诗，“天开清远峡，地转凝碧湾。我行无迟速，摄衣步孱颜”之句表达了他游览峡山寺时的心境。

西江、北江“相见恨晚”，“聚首”后注入珠江三角洲河网，一部分流经广州，同流溪河一起与“最初的珠江”相会。“最初的珠江”指珠江自广州白鹅潭至虎门的一段，全长不到100公里，相传因流经海珠石而得名。据《珠江志》记载：“珠江这一名称最早见于明代嘉靖三十七年（1558年）前后黄佐所作的《海珠》诗首句‘珠江烟水碧濛濛’。”很长一段时间，珠江、西江、北江、东江，被视为四条不同的河流。1914年，广州设立“督办广东治河事宜处”，勘测、治理广东河道。经勘察探测后，人们才发现，原来西江、北江、东江、珠江以及三角洲河网是一个整体，不可分割。又因广州珠江历史悠久、闻名海内外，人们便开始以“珠江”一名统称三江水。1937年，珠江水利局成立，正式统管整个水系。1947年，珠江水利局办理了珠江正式命名的手续。自此，广州珠江把自己的名字献给了整个水系，自己成了珠江的一条航道。

如果说云南曲靖是珠江水的源头，那么广东广州则是珠江之名的源头。广州是珠江流域最大的城市，历来是华南地区政治、经济、文化中心。珠江流进广州后，成就了绿的海、花的城，又在广州黄埔同来自粤东的东江汇合。东江上源寻乌水在江西寻乌县，沿西南方向流经广东龙川县后，始称东江。三江自此“携手”，直奔伶仃洋，诉说着珠江口惊涛骇浪的风云历史。

珠江到底有多少支流？770 多条？好几千条？甚至上万条？没有人能说清楚。不过，冠以“珠江”之名的地域颇广。根据水利部珠江水利委员会官网的资料，如今除珠江流域外，华南的韩江流域、澜沧江以东国际河流（不含澜沧江）、粤桂沿海诸河和海南省区域等水系，都被冠以“珠江”之名，即“珠江片”，涉及云南、贵州、广西、广东、江西、湖南、福建、海南八省（自治区）及香港、澳门特别行政区，在我国境内面积达 65.43 万平方公里。

∧ 位于南沙的珠江口，滔滔江水在此奔腾入海（李波摄）

# 珠江文明灿若星辰

第一章·第三节

## 人类文明发源地

在蜿蜒千里的山水之间，珠江绘出山清水秀、群峰挺拔、洞奇石美的画卷。同时，她孕育人类文明，开启了商贸与文化的交往，塑造了当地人五彩缤纷的生活，在下游冲积出美丽富饶的珠江三角洲。处于珠江三大支流交汇点的广州，更是世上少有的两千多年长盛不衰的大港。珠江文化既兼容本土文化和中原文化，又散发出海洋文化的气息，开放包容、务实创新、奋勇争先。

水源充沛、气候宜人的珠江流域，与黄河流域、珠江流域一样，都是人类文明的始发地。据古生物学家张弥曼院士的研究，4.2 亿年前，第一条鱼就是从云南曲靖上岸的，它可能是包括人类在内的一众高等动物的共同祖先。

从鱼到人，这是一个科学假说，听上去也有点像神话，但珠江确实是远古人类的生活家园。据中山大学教授、广东省珠江文化研究会副会长司徒尚纪研究，珠江流域是我国出土古人类化石最多的地区，也是我国远古文明的发祥地之一。1956 年，南盘江流域的云南开远发现了人类直系祖先腊玛古猿的牙齿化石，距今约 1400 万年。

1987 年，曲靖市一群学生到珠江源春游，几位大胆的学生走进珠江源洞里探险，无意间发现一块马蹄脚一样大小的壳子，将其带出了洞。带队老师觉得这个壳子不一般，将其送到昆明市博物馆。经过碳 14 测量后，博物馆发现这是一个青年男子（18～25岁）的颚化石，距今约1万～5万年。曲靖市博物馆馆长周锐超说，曲靖出土的大量远古时代的人类活动遗迹，证明了现今汉、彝、苗、壮、瑶等各民族先民早在有文字记载之前，就开始在珠江源一带繁衍生息，拉开了珠江文化的序幕。

这一时期，从珠江源到珠江口，还生活着马坝人、柳江人及广州南沙人，文化遗址宛如天上繁星。他们与中华大地的其他先民一样，从史前一路走来。秦汉之后，珠江流域又成为中原人南迁的新家园，特别是在珠江三角洲，先有秦将赵佗建南越国，后有两晋唐宋时期多次人口大南迁，来自各地的先民在这里共建家园，繁衍生息。

## 以水为师变患为利

珠江三角洲位于珠江下游，是西江、北江、东江长年累月冲积而成的大三角洲。它是珠江水的伟大作品，更是人们改造和利用自然的杰作。

相比黄河、长江，珠江要温婉得多，但江水的野性还是常让百姓遭受水患之苦。不过，这也练就了当地人以水为师、变水患为水利的能耐。从北宋开始，珠三角得到开发，今广州、佛山、江门等地，均有兴修水利灌溉工程的记载。据统计，在珠江三角洲，宋代已有堤围28处，著名的有桑园围、长利围、赤顶围、金西围等。其中位于今佛山市的桑园围表现最为突出，2020 年入选世界灌溉工程遗产名录。

北宋徽宗崇宁、大观年间，广东官员张朝栋路过南海九江时恰遇洪水，目睹农田被淹没，房屋被吞噬，十分痛心。经其奏请，官方组织乡民在西樵山一带，沿西江、北江两侧筑起一两米高的防洪堤。由于这一带曾种植大片桑树，这一道防洪堤得名桑园围。

在广东西樵山麓，有一座连接水道两岸的黄岗岩石拱桥，名叫民乐窦——桑园围的其中一个水闸就位于此。人们利用西江和北江之间的水位差，关闭窦闸，可以防止洪水进入围内；打开窦闸，又可以引水入围或排水出围，以调节水位。清光绪年间，桑园围已成为我国最大的基围水利工程，总长超过 60 公里，围内土地肥沃，被誉为“近省第一沃壤”。在珠三角的南海、顺德等地，像民乐窦这样的水闸有 50 多处，目前保存完好的有 20 多座。

桑园围内独具岭南特色的“桑基鱼塘”农业开发模式，成就了“粤东粮命最大之区”的美名。当年，人们登上西樵山的制高点——石燕岩，极目远眺，万亩桑基鱼塘水光点点，满载丝绸的货船来来往往。明清时期，南海西樵一带是广东最著名的蚕桑之乡、丝绸重镇。清光绪年间，西樵山简村蚕桑业兴盛，“民乐有个窦，家家纺织声”“一船蚕丝出，一船白银归”，这些史籍中文字描述的就是当年蚕桑业的盛况。

生活在珠江流域的人们书写了一部可歌可泣的水利史：樵桑联围、芦苞水闸、北江大堤、飞来峡水利枢纽等相继筑成，珠江沿岸也出现了诗意的栖息地。城在水边、人住水边，亲水、近水的文化基因烙印在城市的每个角落。

∧ 桑园围位于广东西樵山一带，2020 年入选第七批世界灌溉工程遗产名录（骆昌威摄）

## 江河互济因海而兴

先民的勤劳智慧让曾经的野性水道变成了致富商道。珠江商道历史悠久，早在秦汉时期，来自各地的商品就沿着珠水汇聚广州，再浩荡出海。司马迁在《史记》里说："牂柯江广数里，出番禺城下。"有学者推测，"牂柯江"就是今天的北盘江水系。北盘江畔，古有牂牁国，后有夜郎国。当地人将产自巴蜀的丝绸、铜器、枸酱等，沿珠江贩运到番禺城（今广州）。相传，汉将唐蒙出使南越国时，吃到一种味道特别好的枸酱，原以为这是当地特产，一打听才知道，枸酱原产于巴蜀之地。广州西汉南越王墓出土的铜釜、甑以及三脚架等，在造型和用法上都与巴蜀或夜郎地区的炊具相类似。考古专家推测，这些物品很可能就是从夜郎沿珠江运至广州的。

江海互济，因海而兴，是珠江商道最鲜明的特点，也成就了广州。早在汉代，广州就是海上丝绸之路的起点之一。唐宋时期的"广州通海夷道"长达 1.4 万公里，为当时全球最长航线。明清时期的广州十三行造就了"金山珠海，天子南库"的盛况，珠江口一带也成为中西文化交往重地。第一幅中文世界地图、第一座机械自鸣钟、第一所西式学校等都率先在珠江口"登陆"中国，并将影响力辐射至其他城市。

中外商贸往来以及东西方文化交往，让珠江流域特别是珠三角一带的人们视野开阔、思想开放。19 世纪以来，这里最早接触西方文化，并孕育出康有为、孙中山、梁启超等一批风云人物。

如今，珠江两岸高楼林立，经济繁荣，在珠江水与城市的融合中，崛起了享誉世界的粤港澳大湾区。正如曲靖市博物馆馆长周锐超所说，粤港澳大湾区的繁荣昌盛，有赖于珠江水的滋养。

∧ 广州珠江两岸，高楼林立，一派繁华（廖雪明摄）

# 一水相连互通共融

第一章·第四节

## 一江水，串起好生活

2006年，广东人从康有为的遗稿中精选出“同饮珠江水”五个字迹，刻碑立于珠江源，表达了广东人的饮水思源之情。珠江流淌亿万年，奔腾数千里，见证了这块土地的沧海桑田。如今的珠江迎来了它最为辉煌的时刻，谱写着开拓进取、敢为人先的新诗篇。从源头到入海口，珠江流域的人们同饮一江水，珠水一家亲，共叙更加美好的一“网”情深。

每当华灯初上，珠江两岸人来人往，好不热闹。不过，你可知道，这点亮城市的电源，与珠江水一样，来自云贵高原，穿山越水，进入粤港澳大湾区的千家万户。让珠江水变成珠江电的事业，从20世纪30年代开始起步。1937年，云南省矿业公司在珠江源南盘江上兴建开远南桥电厂，这是珠江流域的第一座水电站，它拉开了珠水变电的历史，获得了“功追日月，光耀南滇”的美誉。

改革开放以来，“西电东送”战略由构想变为现实。自20世纪90年代以来，大藤峡、鲁布革、龙滩等一座座大型水电站陆续建成，源源不断的珠江水电，像奔腾不息的珠江水一样，从云贵高原出发，跨越山河，接入两广，连通港澳。如今，粤港澳大湾区每3度电中，就有1度来自珠江源头的“西电东送”。

广州人餐桌上的美味蔬菜，也与珠江源情缘不浅。广州江南果菜批发市场每天都有来自云南曲靖陆良的新鲜蔬菜。“我们每天都从陆良发货，20多个小时就可以送达广州。”来自陆良的一名商贩说。曲靖人把肥沃的山间盆地称为坝子。曲靖有 8 个坝子，其中陆良最大。珠江穿境而过，受其润泽，陆良有了“江南水乡”“滇东粮仓”之称，也是粤港澳大湾区重要的“菜篮子”之一，吸引了很多外地人来此创业。

2006 年，湘江人袁绍保来到陆良县三岔河镇，租下了一块土地，创办了陆良爨乡绿圆菇业有限公司。在过去的 19 个年头里，他种植的蔬菜、菇类不仅供应本地，还大量输送到两广以及港澳地区。袁绍保在陆良县大莫古建设的杏鲍菇种植基地方圆 700 亩（1 亩≈ 666.67 平方米），被广州市和曲靖市联合认定为粤港澳大湾区“菜篮子”生产基地。

陆良县年均种植蔬菜 85 万亩，产量 247 万吨，每年 5—10 月，有 50% 的蔬菜发往广东省。被认证为粤港澳大湾区“菜篮子”生产基地的种植基地，在陆良县就有 8 个。

珠江流域再次连成一张网：云南正打造粤港澳大湾区至昆明 3 ～ 5 小时高铁经济圈，曲靖正成为全国最大的粤港澳大湾区优质蔬菜供给中心；贵州在探索“大湾区总部 + 贵州基地”等模式，共建产业园区；广西梧州则要把自己建设成粤港澳大湾区后花园……不以山海为远，人们的智慧和努力串起了整个珠江流域的好山好水好生活。

^“同饮珠江水”刻碑立于珠江源（张忠安摄）

## 一个字，首尾都相连

珠江不仅是一条水道、商道，更是文化融合之道。

位于广州市海珠区前进路的南园酒家，设有亭台楼阁、小桥流水，韵味十足。它与泮溪酒家、北园酒家并称“广州三大园林酒家”。不过，在此享受美好时光的人们未必知道，这家酒家背后有一段珠江源与珠江口文化往来的传奇故事。

酒家正门上方，“南园酒家”四个字由爨体书写。“爨”字30笔，对大多数人来说很陌生，但在珠江源却很常见。曲靖被称为“爨乡福地”，当地人编了一个顺口溜：“兴字头，林字腰，大字下面架火烧。”“爨”字的本义是生火做饭，后引申为灶，并发展为姓氏族名。爨姓人多生活在今山西、河北一带。三国两晋时期，他们经川湘入滇，与当地人融合共生，后发展为当地望族，称雄滇东400余年，创造了灿烂的爨文化。唐代，随着爨氏被南诏大理所灭，爨文化也消失在历史尘埃之中。如今，爨文化只留下两块墓碑——爨宝子碑和爨龙颜碑。爨宝子碑立于东晋时期，形制较小，被称为“小爨碑”；爨龙颜碑立于南北朝时期，形制较大，被称为“大爨碑”。

在很长一段时间里，大小爨碑一直流落荒野，寻无踪迹。清道光六年（1826年），曾在广州创办学海堂的两广总督阮元调任云贵总督，专程赶赴曲靖，找到了大爨碑。26年后，两广总督邓廷桢之子邓尔恒又在曲靖一村民的豆腐坊里发现了小爨碑。爨碑揭开了爨文化的一角，也成为中国书法史上的明珠。

曲靖市博物馆馆长周锐超说，隶书变楷书是中国文字的一次大变革，爨体恰是隶书楷化的代表。爨碑文字体独特，每个字都呈正方形，笔画方起方收，既有隶书的厚重，也有楷书的生动。

爨体书法在广州发扬光大，后继人先有康有为，后有秦咢生。清末在广州宣扬维新思想的康有为看到爨碑拓本后，称其为“神品第一”，赞其“下画如昆刀刻玉，但见浑美；布势如精工画人，各有意度，当为隶、楷极则”。在康有为的影响下，梁启超等文人纷纷临习爨体。

比康有为晚出生 40 多年的秦咢生让爨体走进大众视野。在一次聚会中，他幸得小爨碑拓本，从此沉浸其中，每日临摹，并对爨碑字体进行改造。经过他改造的爨体端庄厚重，雅俗共赏，非常适合题匾额，这成就了南园酒家与珠江源的一段渊源。

20 世纪 50 年代，广州兴建了一批园林酒家，南园酒家是其中之一，其建筑由著名建筑设计师莫伯治等人设计。当时，广州市副市长林西希望秦咢生“以世人未见过的字体”为酒家题写匾额。秦咢生便用爨体书写酒家名，其字刚劲有力，飘逸自然，让人过目不忘。

20 世纪 80 年代，广州改制新路牌，秦咢生闭门谢客 3 个月，挥毫书写了数千块爨体路牌。

在广州，爨符号今天仍随处可见，永庆坊、广州博物馆、艳芳照相馆、城隍宝殿、大元帅府小学、广州市第十三中学等机构的牌匾字体，均取自爨体书法。

广州人兼容并蓄的品质，让这个来自千里之外的“爨”字不再生僻，也使开放包容的城市文化更丰富多彩。

^ 珠江源风景区展示的古体“爨”字（李波摄）

^ 用夔体题写的南园酒家店名（陈忧子摄）

# 第二章 珠江原本是珠『海』

文一 钟葵 刘幸

斗转星移潮起落，珠江原本是珠“海”。

广州背山朝海，襟带三江，城“因水而生、因水而兴、因水而美、因水而荣”。难以想象的是，蜿蜒穿城的珠江，曾是一片茫茫“巨浸”，历经两千多年沧桑巨变，逐渐由“海”变“江”，最终变成如今的样子。

其实，自秦代以来，珠江三江入粤，由“海”变“江”是不可逆转的趋势。但无论珠江如何变迁，广州人“逐水而居、临水而灵、靠水而生、得水而兴”的生活方式始终未变。

时光流转，秉承生态文明理念，广府人一代接一代奋斗，利用珠江自然沉积的淤泥科学开发沙田，曾经的沧海化身成当下的良田、大港、公园、社区，塑造了广府人海纳百川、融汇东西南北的气质。

# 第二章·第一节

## 秦汉：珠江蜿蜒穿城，紧邻中山四路

“白浪茫茫与海连，平沙浩浩四无边。暮去朝来淘不住，遂令东海变桑田。”这是唐代诗人白居易《浪淘沙》中的诗句，用其来形容广州数千年来沧海桑田的变化，再贴切不过。

白云山下的广州，位于珠江三角洲的顶点。数千年来珠三角的沧海桑田之变，古人多有记载。比如，《广东新语》说：“五岭以南皆大海……其后渐为洲岛，民亦蕃焉。”

据史料记载，在中原人进入岭南之前，今天的珠江三角洲所在之地，是一片较浅的开阔海湾。今日广州之所在，当时被称为“南海”。居住在这里的先民，满眼是烟波浩渺的大海，一些岛屿点缀其间。

远古时期，今日广州所在之地，就在大海边，这在考古上已找到证据。1937年，中山大学地理系教授吴尚时在今天的海珠区七星岗附近发现了古海岸遗址，其海蚀地貌保存完整。据考证，该遗址距今约6000年。

据学者考证，6000年前，因冰川消融，海平面上升，今日广州市中心至黄埔一带被海水淹没，形成了一个东西向的溺谷湾。“溺谷湾”是个专业地理名词，用通俗的话来讲，就是指海边的河谷或山谷被海水淹没后，形成的像漏斗一样的狭长三角湾。

此外，从地理学上讲，溺谷湾最显著的特征之一，就是海岸在潮水长年累月的冲刷下，会堆积形成沙堤。在七星岗附近的松岗、赤岗、鹭江等处，就横亘着一道道高出珠江准点平原的沙堤。如今这些地方已是闹市区，住在这里的人们大概不会想到，他们脚下的土地，曾是巨浪拍打的海岸。

时光荏苒，随着海潮渐退，海岸线南移，珠江的轮廓逐渐呈现在古广州城下。

在广州（古称番禺）修筑的最早古城，据说是春秋时期吴国的南武旧城，位于今中山四路附近的高地上。越国消灭吴国后，越人公师隅修复南武城。战国时期，南海人高固为楚威王相时，增筑南武城。到了秦代，大将任嚣入治番禺，又在南武城旁加建一小城，史称"任嚣城"。秦末汉初，南越王赵佗扩建南武城和任嚣城，史称"越城"，又称"番禺城"。

根据考古学家在广州发掘的秦代造船遗址、南越国宫署遗址及南越国木构水闸遗址，学者对秦末汉初珠江岸线及宽度有了比较一致的看法：秦末任嚣城毗邻珠江北岸。当时的珠江北岸大致在今天西湖路一线南侧，珠江南岸大约在今天市二宫北面，珠江宽约 2020 米。

此后，赵佗扩建越城，南城墙较任嚣城略向南移，珠江北岸也南移了数米，珠江南岸变化不大。此时珠江宽度仍超过 2000 米，为现在同一地点珠江宽度的 10 倍左右。

西汉元鼎六年（前 111 年），汉武帝平定南越，此时，越城南边的江岸线南移约 50 米，在今北京路白沙居一线；珠江南岸线北移约 10 米，在今同福路与江南大道交叉路口南侧；江面宽约 1960 米。

南越国覆灭后，因越城被焚毁，旧城发展放缓，珠江两岸缩窄的速度也因此变慢。至东汉初年时，珠江北岸南移了约 30 米，南岸北移了约 40 米，珠江宽约 1890 米。

东汉末年，步骘被任命为交州刺史。他来到番禺，“观尉佗旧治处，负山带海，博敞渺目，高则桑土，下则沃野”，深觉此处“宜为都邑”，便重修越城。3 年后，孙权分合浦以北为广州，广州之名由此而来。

步骘筑城时，珠江北岸南移了约 40 米，岸线在今北京路东侧乐善里一线。南岸则北移了约 60 米，江岸线在今小港路与江南大道相交处以北。当时的珠江宽度约为 1790 米。

^ 七星岗曾是古海岸（陈忧子摄）

## 唐宋：江宽逾千米，仍被呼作“海”

老一辈广州人把一德路、海珠广场一带称为“海皮”（即海边），广州“沧海桑田”的历史记忆，就被保留在这些代代相传的俗语里。

据学者曾昭璇考证，位于今越秀区惠福西路坡山巷的五仙观是晋代坡山古渡之所在地，在当时紧靠江岸。在魏晋乃至隋唐时期，坡山古渡十分繁忙，远洋商船大多在此靠岸。现在，这里距离珠江岸边已有千米之遥。

因晋代珠江南岸的变化未见记载，若暂以比东汉末年江岸淤涨 90 米计，晋代的珠江宽度约为 1700 米。曾昭璇还认为，若从晋时紧靠珠江北岸的五仙观之位置计算起，至 1936 年长堤新址建成，珠江北岸平均每百年向南延伸 6.7 米。

南北朝时期，珠江北岸线也有一个可确定的地点，就是位于现在上下九路的“西来初地”。南朝梁武帝普通七年（526 年），高僧达摩从西天竺漂洋过海，来到广州，建西来庵（后改称华林寺）。珠江的南岸约在宝岗北一线，当时珠江宽约 1500 米。

唐代的珠江，依然十分宽阔。唐代诗人高适有诗云：“海对羊城阔，山连象郡高。”高适不说“江对羊城阔”，而说“海对羊城阔”，既不是形容珠江浩渺如海，也不是把江河误作大海，而是古时羊城人甚至外地人均称珠江为“海”。如《汉书》称番禺为“近海”，三国东吴中书丞华覈称广州“州治临海，海流秋咸”，步骘也说广州是“海岛膏腴之地”。

唐代，珠江北岸在今大南路、惠福路之南，文明路之北；南岸在今同福路一带；江面宽约 1400 米。

宋代的珠江北岸，以宋三城为界，珠江北岸线已移至今西关与玉带濠一带。到了宋朝末年，北岸线又向南跨过一条街，到达如今的一德路、万福路一带。珠江南岸在今同福路北盐仓巷附近，江面宽约 1100 米。此时的珠江，虽比秦代窄了几乎一半，但开阔处仍被人们称为“海”。宋人朱彧《萍洲可谈》卷二称：“广州市舶亭枕水，有海山楼，正对五洲，其下谓之‘小海’。”“五洲”即今太平沙一带，当时，人们称这一带江面为“小海”。与“小海”相对的是“大海”，在今黄埔南海神庙附近江面。

宋人杨万里有诗云：“大海更在小海东，西庙不如东庙雄。”诗中的“东庙”是指南海神庙，“西庙”是指南海西庙，或称南海西庙（在今文昌路广州酒家一带）。

^ 珠江两岸（苏俊杰摄）

## 清代：珠江缩窄至 550 米

从明代开始，珠江急剧缩窄。明代的珠江北岸，在城西已移至十八甫以南，江边在今和平路、冼基、丛桂南一带；在城东则位于永安桥以南及仁秀里、元运街、前鉴街以南。南岸线则在河南堑口。江面只有 650 米宽，比宋代缩窄了 450 米。

清代，珠江缩窄至 550 米，北岸在今十三行路、仁济西路、珠光路、新河浦一带，南岸在南华路一带。

至近代，珠江平均宽度不到 400 米；到了当代，珠江平均宽度为 264 米，最窄处仅 180 米左右。

20 世纪 50 年代以来，随着珠江两岸堤围的修建和河道的综合整治，珠江河道的平面形态趋于稳定，江面不断缩窄的历史画上句号。

显然，从明清开始，流经广州城区的珠江已由“海”变“江”，除白鹅潭等处江面仍较为开阔外，其余江面宽度已大不如前。不过，广州人仍喜欢称珠江为“海”。清初名士屈大均就曾说过：“（广州人）凡水皆曰海，所见无非海也。出洋谓之下海，入江谓之上海也。”

直至现在，老一辈广州人仍称过江为“过海”，珠“海”的历史记忆，就这样存留在人们的日常用语里。

## 两千多年来珠江江面宽度变迁一览

秦　末：2020 米
西汉中：1960 米
东汉初：1890 米
东汉末：1790 米
晋　代：1700 米
唐　代：1400 米
宋　代：1100 米
明　代：650 米
清　代：550 米
近　代：400 米
当　代：264 米

（注：以上数据均为约数）

## 地球自转致使北岸淤积更快

珠江下游，江水从八个入海口注入南海。本节中的“珠江”是指流经广州旧城这一段水道。

同样是河道淤积，珠江北岸河道淤积的现象比南岸严重得多。比如，原本处于江中的海珠石在宋时离珠江北岸约750米，离南岸约300多米，所以古人常说海珠石在“河南”。到了清末，海珠石离北岸已不足100米，与南岸的距离则变化不大。1926年，海珠石被开辟为公园。两年后的1928年，修有木桥与江岸连接。1931年，官方修建新堤时，海珠石消失在珠江北岸。

古时的珠江中有很著名的“珠江三石”，海珠石是其中之一，另外还有海印石和浮丘石。受河道变化及人为因素影响，“三石”先后湮没。

据记载，海珠石呈椭圆形，长100多米，阔50米，周边还有七块小的礁石，看上去像是江中的小岛，故又称“海珠岛”。

海珠石是历代游览胜地，20世纪初被辟为海珠公园，1931年并入北岸。2000年，有关部门在施工时偶然发现部分海珠石，深埋地下的海珠石重见天日。

海印石在古广州城东濠口的小岛上，因形似印章而得名。清代末年，海印石被埋入地下。今天的海印桥因其得名。

浮丘石在今中山七路东段，与广州城西濠（文溪西支流）相隔，为西门口外一小山丘。唐宋时，西门口一带还在江边，后来与陆地相连。20世纪初，官方修路，浮丘石被凿低当作路基，成为今中山七路的一段。

^ 新堤二横路附近的海珠石景点 （王维宣摄）

# 珠水冲出『绿色明珠』

第二章·第二节

## 南沙湿地围海造绿万鸟飞

暨南大学教授胡刚曾表示，南沙以及番禺的部分土地是由于珠江出海口长期冲刷形成的。几千年来，珠江将珠三角的大量泥沙冲刷到此，形成土地和滩涂，后经人类夯实作为建设之用。

从某种意义上来说，广州南部的历史就是一部沙田成长史，沙湾、南沙、万顷沙等众多带有“沙”的地名就说明了这一点。

在广州地区，万顷沙无疑是最有知名度的沙田。万顷沙每一寸土地都渗透着世世代代南沙劳动人民的汗水，可以说，万顷沙的围垦史是广府人海纳百川、融汇东西南北智慧和力量的结晶。

今日万顷沙一带，在200多年前被称为乌珠大洋。清道光十八年（1838年），东莞明伦堂在此围垦，寓意在汪洋巨浸之中造成万顷沙田，万顷沙因此而得名。

已退休的广州南沙围垦开发有限公司原副总经理黎亮权对万顷沙的历史如数家珍。据他介绍，在中华人民共和国成立之时，劳动人民已经将万顷沙围至十三涌一带。随后，广州沙田持续向南延伸。

经过多年沙洲发育和围垦，广州人开挖出多条平行河涌（人工的排灌干渠），基本走向为东北—西南，河涌宽约5公里，从第一涌至二十一涌，南北长约30公里。

万顷沙众多沙田，大部分由番禺、南沙当地的居民承包，种植大蕉、莲藕等农作物，新社区从而在万顷沙落地生根。如今，新垦莲藕远近扬名，成为广东人煲汤的上等食材。

在南沙港之西、珠江钢厂之南，有一部分沙田成了南沙湿地公园，蝶变成广州最南方的“绿色明珠”。

南沙湿地公园所在的地方原本是一片浅海，经过围海造地，现在飞鸟成群。湿地有这种“沧海桑田”巨大变化，主要缘于这里地处珠江出海口，而且是虎门、蕉门、洪奇门出海口等的交汇处。每年，上游水道都会带来大量的泥沙，泥沙下泄淤积起来，再加上人工围垦开发，逐步形成新的滩涂。

在 20 世纪 80 年代，围垦公司在围海造地过程中，就注重农耕水养的产业结构，在围内养殖虾、蟹、鱼等水产品，种植红树林和芦苇等植物，保持了土地良好的原始状态，形成了湿地的雏形。

1997 年前后，为方便当地渔民捕捞和销售海产品，当地政府在二十涌附近建设了一个避风港，并将清出的淤泥堆积在十九涌东，形成了几个绿岛。到 1999 年，这里意外聚集了两三万只红嘴鸥,如此壮观的生态奇观引发了相关部门与专家的关注。专家们赴荷兰考察后认为，万顷沙围垦应该借鉴国外的经验和方法，营造湿地环境，开展生态保护。于是，围垦人在此试种各种红树与芦苇，营造适合候鸟栖息的滩涂，逐步形成了南沙湿地。

进入 21 世纪后，整个万顷沙岛十八涌以南都被纳入湿地保护区的范畴，建成并开放的南沙湿地公园面积近一万亩（6.67 平方公里），分为一期、二期等，包括林木区、红树林区、芦苇荡、草地、水体、岸边林荫大道等组成部分。

## 红树林引来珍稀候鸟

如今，一提起广州的南沙，大家想到的要么是十九涌的海鲜，要么是万亩南沙湿地。

每到冬春，人们乘船入南沙湿地红树林，只见红树林郁郁葱葱，从遥远北方迁徙而来的白鹭、苍鹭等在树上筑巢哺育，嘤嘤鸣叫；一声惊响，只见红树林间白鹭成群高飞，漫天遍野尽是翱翔的白色掠影，令游人心驰神往。在湿地公园的鸟类孵化区内，密密麻麻的树林中藏有很多鸟巢，包括白鹭在内的多种鸟儿正在那里繁衍生息，一派生机盎然。

到了夏秋季节，南沙湿地千亩荷花随风摇曳，荷花在一望无际的田田荷叶间起舞，秀美绝伦。

据统计，广州南沙湿地每年吸引数十万只候鸟来此栖息过冬，占广州市候鸟总数的 50% 以上。每年秋冬至初春，大量候鸟从西伯利亚飞来南沙，以这里为“歇脚点”或“加油站”，有些还要远赴澳大利亚越冬。

据华南濒危动物研究所观察，南沙湿地已发现的鸟类主要有黑翅长脚鹬、苍鹭、斑嘴鸭、白骨顶、燕鸥、花脸鸭、东方白鹳、黑脸琵鹭、白琵鹭、鸳鸯等。其中，黑脸琵鹭是珍稀的濒危鸟类。近年来，由于珠江口滩涂的红树林得到保护和发展，为黑脸琵鹭提供了丰富的食料，形成了适宜的越冬环境，吸引黑脸琵鹭来此避寒越冬。

专家表示，南沙湿地公园已成为广州市的“小鸟天堂”，以及全球候鸟迁徙的重要补给点和中转站。

^ 大批候鸟“做客”南沙湿地（苏俊杰、陈钧圣、万君摄）

在黎亮权看来，沙田开发不单单是围海造陆这么简单。广州人一代又一代的努力，也塑造了广府人海纳百川、融汇东西南北的气质。

提起运河，人们想到的往往是京杭大运河。其实，古代广州也有一条运河——始建于唐宋年间的扶胥古运河。

珠江前后航道在古代的扶胥镇汇合后，形成宽阔的狮子洋港湾区，而位于此地的港口就被称为“扶胥港”。加上从东边滚滚而来的东江，三条江水汇聚后出狮子洋，从虎门入海。

唐宋年间是扶胥港最繁荣的时期，宋代自扶胥港出发的商船，可达“西南诸蕃三十余国”。然而，往来扶胥港的船只必须要经过风急浪大的狮子洋，行船安全没有保障。繁荣的贸易需要更安全的运输通道，因此，北宋年间，朝廷决定开凿运河。

主管开凿扶胥古运河的人是北宋年间担任广州佥判（协助州长官处理政务及文书案牍的幕职）的邬大昕。北宋政和二年（1112 年），他奉命到东江口至扶胥港一带考察，最后确定了全长 5 公里的运河路线：东起东江口的东洲驿（位于今增城区新塘镇东洲村），西接波罗庙（即今南海神庙）前的扶胥港。

修建完成的扶胥古运河，从东往西，经沙涌、鹿步、夏园、南湾、庙头，到达南海神庙前的扶胥港，再转入南海神庙以西的西门坦，经沙浦、双岗，达文冲的乌涌河，一直到现在的黄埔港一带水域。因流经鹿步村，所以这条运河又称“鹿步滘”。

扶胥古运河通航后，往来船只不仅能避开风浪，航程也有所缩短，来往贸易更加便利。直到如今，番禺南村邬氏大宗祠内还留有清代著名学者陈澧手书的“鹿步滘讴忠匾”，记述邬大昕开凿运河的功绩。

历经 900 多年岁月沧桑，扶胥古运河的部分河段仍可以通航。走在古运河遗留下来的河涌边，身边流水潺潺，古村落里人们的生活，既延续着传统，又焕发出现代气息，诉说着一段与海上丝路有关的历史记忆。

# 第三章 珠水淘『沙』出羊城

文—倪明 苏赞

珠水淘“沙”出羊城，万丈高楼映碧波。

翻开广州地图，可以看到纵横交错的河流遍布全城，显示这是一片水域广阔的宝地。水，维系着这座城市的千年记忆。水城水多，与河流相关的地名自然也多，它们星罗棋布于千年之城。沙、洲、滘、涌、濠、岗、渠、塘、潭、塱（朗）、湾交织，形成景象万千的水城地貌。

据不完全统计，广州城内可知可数的因水而名的地名多达300余个。一个个与水相关、意思又各有差别的地名，让人对广州的历史地理特征一目了然、又浮想联翩，生动诠释了水与广州的不解之缘。水孕育了广州，见证了广州变迁，演绎了源远流长的岭南文明。

# 沙，海里『长出来』的地名

第三章·第一节

在广州的特色地名中，哪个字用得最多？答案是“沙”。沙，在粤语中有沙洲或濒水沙地之意，与国内其他许多地方的用法不同。广州地处北纬 23 度附近，气候湿热，雨量充沛，珠江三大支流在此交汇。大量泥沙顺水冲积成沙地或沙洲，逐渐形成小块平原，汇成大片平地。

据学者研究，在广州的地名中，以“沙”字命名的有 140 多个，如大坦沙、沙面、大沙头、二沙岛、太平沙、海心沙、大沙地、黄沙、南沙等。其中，除了个别地名由于城市发展而消失湮没之外，大多数还在使用。

据记载，广州古城之所在，原本是一处溺谷湾。现在广州城区的大片土地是秦汉以来淤积而成的。仔细研究广州带“沙”字的地名，不难发现其中大多数地方位于珠江北岸沿线。那是由于地球自转偏向力的作用，北半球河流的南岸往往形成凹岸，北岸形成凸岸，泥沙堆积成滩，年长日久，就会露出大片陆地。

从白鹅潭西端起，大坦沙把珠江主航道一分为二，北支流经广州市区，称为前航道，南支称为后航道，两大航道中是称为“河南”的大岛（即海珠岛，今属海珠区，唐《元和郡县志》中称其为“江南洲”）。前后航道经过长洲，汇合成为黄埔水道，经南沙、万顷沙出海口汇入南海。

历史上的珠江流域多台风暴雨，珠江支流倾泻而下，大量泥沙顺水冲积成沙地或沙洲，日积月累，逐渐形成小块平原，有的又淤合成大片平地，成为可居甚至宜居之地。比如，千年前的宋代西城以西（即今泮塘一带），大部分尚为低洼之地，之后由于多年流沙沉积而成为平原。平原东北部略高，西南部略低，上西关、下西关之名由此而来。

清初，广州城北至越秀山，南临珠江，本来扩展空间有限，恰适珠江北岸的新积滩地逐渐发展成“鸡翼城”（东起今万福路转南沿越秀南路北段，西至一德路转人民南路一带），给了古城新的空间。

沙面原本是一沙洲，被称为“中流沙”。到了清代晚期，沙洲北岸和东岸已与陆地沙基相连，成了江边滩地，大批水上居民（疍民）在此聚居。19 世纪 60 年代，沙面租界区就是在这块滩地上拓建而成的。

太平沙最初由五块沙洲组成，所以又被称为“五洲”。到了明朝，“五洲”合为一，成了靠近珠江北岸的一个沙洲。大片沙洲形成后，便有农民到此垦荒。随后，太平沙附近又有泥沙淤积成新的沙洲，形成“增沙”，即现在的增沙街所在地。此后不久，又出现了一个沙洲，被称为“新沙”，即今海珠广场华侨大厦之所在。太平沙之名，则缘于著名诗人陈恭尹的题词——“太平烟浒”。

大沙头原本也是江中小岛。这片陆地在明代初期是水面，是东濠和大沙河冲积的结果。附近的筑横沙、二沙头，也是因东濠和大沙河而生。

以前，大沙头一带也是疍民聚居之地。著名的海印石就在附近，在海印石原址上建起的东炮台曾是古城的一道防线。大沙头还是我国航空业的摇篮，我国第一架军用飞机“乐士文一号”就在这里诞生。

^ 南沙万顷沙镇（苏俊杰、南宣摄）

# 濠、涌，护城养城几千年

第三章·第二节

涌，意指小河；濠，意指护城河。宋元时期，广州城内外形成“天然水系—内濠—六脉渠”的三级水路网。广州带濠的地名有越秀区的东濠涌、玉带濠、濠畔街、南濠街、西濠二马路等；带涌的地名除了东濠涌外，还有荔湾区的南丫涌街、天河区的猎德涌、海珠区的大江涌、南沙区的十九涌等。

明代成化年间，总督两广军务韩雍在永嘉侯朱亮祖疏浚、扩建东濠（原宋东城外故有城濠）工程的基础上，开凿黄华塘峡谷，使文溪转东南，成为东濠涌的一部分。此后，人们口中的“东濠”指的就是这条护城河。整条东濠涌北起白云山，经今下塘西至今小北路，往东南转入今北校场附近，然后沿着今越秀中路、越秀南路南下注入珠江。文溪改道后，东濠涌既承担着护城河的功能，又成为城东最重要的水运干道。不过，由于商业繁华，“与水争地”的一幕不可避免地出现了，东濠涌渐渐淤塞。虽屡经疏浚，东濠涌一些河段还是渐渐沦落成臭水沟，令人扼腕长叹。今天，东濠涌经过整治，成了“一流的生态涌历史走廊”。

据《越秀史稿》一书记载，北宋大中祥符四年（1011 年），右谏议大夫邵晔在城南开凿城濠，为玉带濠的建设拉开序幕。此后，宋代多位名臣历次疏浚拓展，终于修成了东连东濠、西接西濠（在今人民路一线）的宽大城濠，蜿蜒在宋三城南城墙附近（在今大德路一线），取名玉带濠。据学界考证，玉带濠宽度足有 60 多米，是一条名副其实的大河。邵晔当年开凿此河，一来为守卫城池，二来是为了给珠江上的船舶提供一个避风的地方。宋时的珠江比现在宽十倍不止，被称为“小海”。玉带濠开凿之后，海上一有起大风的迹象，商船就可通过西濠、东濠，驶入玉带濠避风。

如今，珠光路高第街旁和德政中路文德七巷交界处依旧立着写有“玉带濠”的牌坊，走进小巷可见路面上有二三十个小洞。据当地街坊介绍，这些洞可以直接排水。路面下便是当年的河道，直到20世纪50年代前，这里还可通行小艇。将渠盖打开，通过铁架楼梯走下去，可见地面距离以前的河底约有1.5米高。

濠畔街即“玉带濠畔的街”。明清时期，濠畔街上最吸引人眼球的是鳞次栉比的票号与会馆。人们只要手里拿着票号出具的单据，不管去哪儿都能取到钱。

^ 东濠涌（莫伟浓摄）

# 岗，地质学家大宝库

第三章·第三节

岗，意为岩层裂隙较少，底部有坚硬基岩，且基岩突起高于周围河积平原的地方。广州带“岗”的地名有海珠区的赤岗、昌岗、燕子岗、石榴岗，越秀区的龟岗，等等。

琶洲往西、珠江之滨，赤岗塔与不远处的广州塔形成“双塔争辉”的美景。不过，倘若穿越到一万多年前，这里还是一片汪洋。那么，赤岗这个地名又从何而来呢？原来，赤岗塔所在的小山岗是约一亿年前形成的沉积岩山岗。地质学家认为，那时天气炎热干燥，岩石中的铁被充分氧化，成了红色氧化铁，因而将砂岩和砾岩“染”成了红色。于是，此地被人称为“赤岗”。

一万多年前，海水开始退却，一些海拔较高的基岩以小岛形态露出水面，从旁边流过的河流冲积物以及由海水带来的其他沉积物逐渐在岩石附近淤积，原先孤立于水中的一些小岛逐步连成一片。所以，现在广州有很多带“岗”字的地名，如燕子岗、宝岗、昌岗、石榴岗、七星岗等，其由来大多如此。

海水退去，“桑田”出现，而“世界第一古海岸”（世界上目前深入大陆最远的一处古海岸遗址）的声名就此留在了广州七星岗。如今在七星岗古海岸遗址，海蚀崖、海蚀洞和海蚀平台仍清晰可见，它们是见证广州沧海桑田的活化石。

洲，星罗棋布遍城厢

洲，意为地在水中央，周围皆有江水环绕。清人屈大均在《广东新语》中写道：“下番禺诸村，皆在海岛之中，大村曰大箍围，小曰小箍围，言四环皆江水也。凡地在水中央者曰洲，故诸村多以洲名。洲上有山，烟雨中望之乍断乍连，与潮上下。”洲岛棋布，是广州水文化的一个重要内容。

二十世纪五六十年代，琶洲村还位于广州城的远郊，交通十分不便，“进城”要划船走水路，一来一回，得用上一天。

现在，从广州塔搭乘有轨电车，不到半小时就抵达万胜围终点站。沿途 7.7 公里，一栋栋现代化写字楼拔地而起。广报集团总部大厦、阿里巴巴华南运营中心、腾讯广州总部大楼、欢聚大厦、唯品会总部大厦……一座座人们熟知的高楼从电车前一一闪过。琶洲，正成为广州城市发展的崭新热土。

很少有人知道，琶洲之名可追溯到一千多年前。琶洲，古称琵琶洲，在清代以前是一个江心岛，岛上有两个状如琵琶的小山丘。南宋时方信孺在《南海百咏》中写道：“琵琶洲，在郡东三十里，以形似名。俗传洲在水中，与水升降，盖海舶所集之地也。”

在南宋时，琶洲岛是一个非常重要的避风之处。由于航海技术的提高和宋瓷在海外大受欢迎，这一带江面上商船云集，所以方信孺还曾写下“客船昨夜西风起”的诗句，形容琶洲岛的景象。

琶洲的地理位置十分重要，古籍里说它“以东扼三江及溪河之输”，又说它“会城水口宜塔，是人文之英锷也”。明代万历年间，光禄勋丞王学曾倡议在琶洲建塔，“锁住”珠江口。在

18—19 世纪，琶洲塔是西方人心目中的广州地标，最直接见证了广州海外贸易的繁华。

如今，琶洲岛早与陆地相连。千年前，琶洲和琶洲塔见证了广州海运昌盛；千年后，这片热土再度迈步向未来。

金沙洲位于广州西部，是广州城西与佛山南海接壤处的一个小洲的一部分。整个江岛名为“浔峰洲”，名字来源于辖内的浔峰山，面积 26 平方公里，四面环水，包括现属于广州市白云区的横沙、沙贝、凤冈、钟村等自然村和佛山市南海区的草场、洲村、泌冲等区域。

金沙洲，寄托了人们对繁荣发达的期望。作为广佛同城的代表，它已成为具有自然特色的新居住中心。

^ 今日的琶洲塔离江岸已有一段距离（陈忧子摄）

# 滘，多在河道分流处

第三章·第五节

滘（滶），意为有分支河道的地方。屈大均在《广东新语》里说："凡水皆曰海……通舟筏者曰江，不通舟筏者曰水。二水相通处曰滘。"粤语方言"滘"多指有分支河道的地方，如荔湾的增滘、步滶、滘口，番禺的厦滘，海珠的沥滘、西滘，白云的滘心、横滘，等等。

"未有河南，先有沥滘。"古村沥滘原属番禺，位于今日海珠区南端的珠江畔。这里最早的居民以打鱼为生、以小舟为宅，形成自然村落，恰是"数家临水自成村"。

进入沥滘，只见水道两旁民房和仓库密密麻麻，城市和乡村两种特质在这里交织。一位村民说："大约从 2000 年起，村子开始转型，办工厂、建仓库，渐渐变成了今天这个样子。"

沥滘拥有 900 多年的历史，古村沿涌而建，一代代村民在此建起一座座祠堂，举办婚丧、祭祀大典。不少人更是从这里走出去，求取学问与功名，由此成就古村数百年的文化兴旺。

沥滘背靠珠江后航道，水上交通发达，是河南（现海珠区）乡镇重要的商埠。村里老人家说，以前，整个沥滘墟在河涌两岸展开，长逾 400 米，从早到晚都很热闹。如今，沥滘的码头公园里依旧立着 90 多年前所立的广州市界碑（也叫沥滘碑），碑上刻有"广州市界""以对河中心线为界""民国十九年立"等字样。

"童年时，我从自家门口或窗户，就能看到河涌里清澈的流水，闻到涌边飘来的姜花香气，至今回味无穷。"著名连环画收藏家朱劲松回忆，"那时候，我与小伙伴们的玩乐真的太丰富了，一起在涌边田间钓蟛蜞，割草养小兔子，捞浮萍喂鸡鹅鸭，划小船捞鱼；爬树摘果，在林间捕鸣蝉，下水田摸慈姑莲藕；当河涌涨潮时，跳到流动的河水中自由畅游，当河涌退潮只剩下十几厘米水深时，去河底捉鱼、捕蟹、捞虾；在四通八达的巷子里捉迷藏，在麻石街上玩烟纸角、榄核和公仔纸的游戏……”时至今日，村民的生活仍安然自得。

2006 年，广州地铁沥滘站开通，融入大都市的沥滘发生了翻天覆地的变化。未来，这里将成为广州中心城区之一，以新城市中轴线南段滨水生态区和科技创新集聚区新高地的形象出现在世人面前。

^ 沥滘码头（倪明摄）

# 塘、潭，水脉留芳踪

第三章·第六节

塘、潭，意为面积大小不等、静止或缓流的水域。很多带“塘”“潭”的地名，为百越语“水塘”或“湖”的译音字，带“塘”或“潭”的地名有大塘、长塘、新塘、潭村、龙潭、白鹅潭、钟落潭等。

大塘街位于中心城区。据史料记载，古时发源于白云山的文溪流经古城东门畔，进入主城区。唐宋年间，文溪可行舟，但春夏易发生水患。明代成化年间，官府将文溪水引入东濠涌后，原来的文溪河道逐渐淤塞为一个大水塘。后来，大水塘被填平，建成内街，就取名大塘街。

文溪虽涸，文化却兴。街上陆续建成大批书院、宗祠、会馆，广府学宫、番禺学宫以及广东贡院也坐落在这一带。岭南文脉，在此延续千年。大塘街辖内还有广州农民运动讲习所旧址、广东咨议局旧址等文物保护单位 11 个。

大塘街还是远近闻名的历史文化街区。“文德文化街”在历史上与北京琉璃厂、上海城隍庙、南京夫子庙并称“中国四大文化街”。如今，文德路字画古玩专业街是经营古玩、字画、裱画的文化市场，在岭南久负盛名。

# 『湾』为曲折处，『塱』作低洼称

湾，意为水流曲折的地方；塱（朗），意为江湖边上的低洼地。

沙湾、荔湾、水母湾等带“湾”字的地名在广州城内有十余处；带“塱”字的地名则有荔湾区的西塱、东塱，天河区的柯木塱等。

荔枝湾是广州城内最有名的水湾，其历史可追溯到广州建城之初，也即 2200 多年以前。公元前 196 年，汉高祖刘邦派遣陆贾来广州劝说赵佗归汉。当时陆贾以今天的西村一带为驻地，修筑泥城，并在河边种植花、藕和荔枝。

不过，真正对荔枝湾进行大规模开发的，是五代时期南汉国的几任国主。他们在城里城外大修宫苑，荔枝湾一带也不例外。每到荔枝成熟的季节，南汉国主就与妃嫔在此坐着画舫游玩，品尝荔枝，美其名曰“红云宴”。

据《水润花城》一书的记载，清代荔枝湾的荔枝种植业达到鼎盛。用清代文人熊景星的话来说：“居人以树荔为业者数千家，长至时，十里红云，八桥画舫，游人萃焉。”

清代，由于西关行商富贾多聚居西关涌的泮塘段附近，并陆续在此修筑园林宅邸，游人也因此而至。泮塘村一带的田野广植荔枝，于是泮塘附近的西关涌也开始被称为“荔枝湾”。

二十世纪二三十年代，每到夏季，人们乘坐游艇、舢板沿荔枝涌出珠江，沿途红荔夹岸、荷香数里。那时，游艇如鲫，卖海鲜、艇仔粥、烟酒果品的小船来往穿梭。叫卖声、咸水歌声、嬉笑声交织在一起，构成一曲别有风味的水乡民歌。

随着广州城区的扩展，水道逐渐被覆盖。2010 年，荔枝湾揭盖复涌，被填埋的河道重见天日。如今的荔枝湾处处展现着西关风情，不仅深受游客欢迎，也成为当地市民休闲的好去处。这里的荔湾大戏台成为粤剧票友的聚会之地，他们会不定期在此上演折子戏，赢得满堂彩。

∧ 荔湾湖（陈忧子摄）

# 顺势而围，水津为埗

第三章·第八节

宋代以来在西江沿岸和珠江三角洲各地，人们为取得耕地和防洪治涝而大规模围垦。于是以“围”“基”为首尾的地名大量出现，例如黎家基、水松基、罗冲围（原名螺涌围，因被形似田螺的河涌环绕而得名），而永安围则被修筑起的堤坝所环绕，寄寓人们生活在这里能够一直平平安安的美好愿望。

古越人以舟楫为渡河工具，在地名上通用“步（埗）”“埔”“甫”等表示津渡、码头。宋人吴厚处在《青箱杂记》中说：“岭南谓水津为步。”这类地名在北方十分罕见，在岭南山区也较少，但广见于水网密布和依靠河流交通的地区。广州有十八甫、黄埔、增步（埗）、盐步、官禄埗，皆为货物转运码头或渡口，反映了商业文化的兴盛。

∧ 珠江边的码头（苏俊杰摄）

# 第四章 六脉通海活水自流

文一倪明 杜娟

六脉通海活水自流，水系成网城水共生。

广州地处北江、西江、东江三江交汇处。每逢汛期，三江之水直下广州城，给广州带来洪涝灾害威胁。同时，广州南临大海，潮水倒灌的情况也经常出现。广州自建城以来，一直围绕着江河水系，顺珠江岸线、水系变迁和地势而为，寻求着城水共生共存之道。

防御洪潮、排泄内涝自古就是广州城市建设的重要内容，历代广州先民在城内外兴修水利，疏浚环城濠池和六脉渠。顺应自然、因势利导是广州古人治水的智慧。

# 广之城，无之而非水

第四章·第一节

## 两条古水道环抱广州城

2000 年夏，西湖路兴建光明广场时，发现了一座距离当今地表大约 4 米的西汉南越国水闸遗址。这座水闸在防潮、泄洪、引水等方面具备了现代水闸的基本功能。这也是迄今为止世界上发现的年代最早、规模最大、保存最完好的水闸遗存。

考古人员还发现，水闸并不是一个孤立的存在。南越国时期，下水管道也开始被使用。南越王宫署遗址内便发现了一套立体排水设施。宫苑内有整齐的排水管道，可将地表雨水、生活污水迅速地排到地势低洼处，引向宫苑外。

“广之城，无之而非水也。”这是清代《白云越秀二山合志》对广州城作出的“总论”。广州知名地理学家梁国昭教授也曾作出论证，古时广州是一座水城，历史比威尼斯还悠久。这一研究成果与考古发现一脉相承。古时广州“河道如巷、水系成网”，其中既有甘溪、司马涌等天然水道，又有人工挖掘的环城濠涌、六脉渠及其支脉等大小水道。

## 源自白云山的甘溪流入城内

追寻广州河涌濠渠的历史，就不能不说起一条古老的水道——甘溪。古时，广州城内（今越秀区）几乎所有水道都与它相通。甘溪又称“文溪”“越溪”，因溪水甘甜清润而得名，是古城东侧最重要的天然河道。它发源于白云山东麓菖蒲涧的滴水岩，曲折而南，至越秀山下小北门处分东西两支流入市区：西支流经大石街入古西湖（今华宁里和教育路一带），再南流入珠江；东支流沿今仓边路南下长塘街，注入清水濠出珠江。

甘溪曾是古广州城内居民主要的食用水源，也是历代广州城选址的关键因素。在秦代任嚣城、赵佗城的东、西、南三面都有甘溪这个天然的护城河维护。《南越志》曾这样记载甘溪的由来：“昔交州刺史陆允之所开也。至今重之，每旦日辄倾州连汲，以充日用，虽有井泉不足食。”

司马涌又叫流花水、洗马涌，在西汉南越国时就已存在，是古代出入广州城的重要水道。它源出越秀山西侧，经过现在的越秀公园、流花桥、彩虹桥（今西华路），曲折向西南流入珠江，全长六七公里。

古广州西北郊的石门是南北水路交通的要冲。由石门或佛山入城的百姓，大多取道司马涌，经荔枝湾直航至兰湖码头上岸。唐时，这里曾发生过水战，可见当时河面比较宽阔。

# 开凿『六脉渠』打通『经脉』

第四章·第二节

## 宋代濠池环城“六脉”通海

古代广州在追求城水共存之道上，建设颇多。其中手笔最大、影响最深远的水利工程，要数人工开凿的极具智慧和创造力的“六脉渠”。宋代，官方疏浚环城濠池和六脉渠，建起了系统防洪排涝工程，打通了广州城的“经脉”。

宋代，广州城市建设轰轰烈烈，先后筑中、东、西三城（今天的大南路、人民路、惠福西路、德政路这一范围），史称“宋三城”，并开始兴建广州古城真正的系统防洪排涝工程。

广州的南濠、清水濠、玉带濠、西濠都是在宋代开凿的。宋代，朝廷在广州城南疏浚了两大内濠：西澳和东澳。古西澳即南濠，位于今海珠中路沿线，开凿于宋代景德年间，“由城内达诸海，以通漕运，以泄渠脉”（《南海志》），水深至三丈，外国商船常停泊在此，曾是宋代广州重要的对外贸易码头。东澳即今清水濠一带，曾是宋代广州的盐运码头。

同一时期，广州利用天然河道和干谷开凿了著名的六脉渠，沟通护城濠，水由护城濠排入珠江，打造了干支两级排水系统。六脉渠的主脉渠呈南北走向，各支渠除左三脉渠注入东濠外，其余都向南注入玉带濠，最终流向珠江。这些城濠和水渠串联起城内水系，形成了一个四通八达的水网。

《广东通志》说：“六脉通而城中无水患，盖城渠之水达于闸，闸之水达于濠，濠之水入于海，此城内水利所由通也。”可见，有了六脉渠，广州城的“经脉”就通了，“六脉皆通海，青山半入城”的城市雏形也逐步显现。

以下为六脉渠各支渠的流向。

左三脉：从文德路市一宫出，入东濠。

左二脉：从人民公园出，经华宁里，由仙湖街出城，入玉带濠。

左一脉：从越华路出，经起义路惠福巷、解放南路、起义路素波巷出城，入玉带濠。

右一脉：从六榕路出，经惠福西路，至南濠街出城，入玉带濠。

右二脉：从净慧路出，经海珠北路、擢甲里、朝天路、光塔路，至南濠街出城，入玉带濠。

右三脉：从光孝路出，经诗书路，至大德路口出城，入玉带濠。

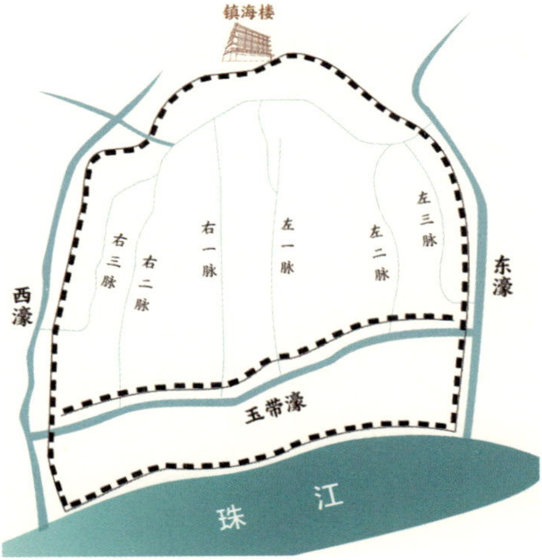


^ 宋代六脉渠示意图

## 明代东濠涌被疏浚

到了明代，永嘉侯朱亮祖将三城合一，又把城区北扩至越秀山一线，甘溪从小北门旁入城，变成了城内濠。秀美的甘溪也有“凶狠”的一面，尤其是山洪暴发的时候，水道排泄不及，洪水就会以迅雷不及掩耳之势，冲崩城门，把广州城泡在水里。

明成化年间，总督两广军务韩雍在朱亮祖疏浚、扩建东濠（原宋代东城外也有城濠）工程的基础上，开凿黄华塘峡谷，使甘溪转向东南，成为东濠涌的一部分。此后，人们口中的“东濠”，指的就是这条护城河。东濠涌既承担着护城河的功能，又成为城东最重要的水运干道。

明清时期，尽管排水渠的数量和走向不一样，却都沿用了“六脉渠”的称呼。随着街区的日益增多，街区下水道再接支脉，形成了干、支、斗三级排水系统，也为广州的人文环境锦上添花。清人屈大均曾由衷地赞叹广州水脉：“盖会城沙水气脉，起伏周环，有情有势，真天地造设之奇。”

广州市水务规划勘测设计研究院有限公司副总工程师刘晓平对古广州水城格局颇有研究。他说，古代城市设计者将“水系成网”和“活水自流”作为广州古城水利的核心思想，每条河涌的起止、位置、走向都很明确，脉络清晰，各司其职，构成了绕抱回环、交流如织的水网，由此造就了一座充满风情的“东方威尼斯”。

## 篷船画舫过如鲫

清代《羊城竹枝词》里“水绕重城俨画图，风流应不让姑苏”之句描绘了一道亮丽的水城风景线。东濠涌博物馆用蜡像为我们将其还原呈现了出来：河涌畔，商人在家中悠闲饮茶；河涌上有船行过；岸上，富商的私家园林溪水临门；不远处，犬吠鸡啼，木屐踏踏，小贩叫卖；临水而居的人们从小楼里探出头来，向水上的撑船人微笑致意；桥底下，梳着长辫的疍家女在卖艇仔粥，她的艇仔旁有菜艇、屎艇、沙艇；远一点的地方，还有紫洞艇、驳船、舢板、渔船……

对文人墨客来说，古广州的河涌充满诗情画意；对普通百姓来说，河涌则提供了他们赖以生存的饭碗。从东江、北江驶来的船，多在东濠口泊岸。沿濠涌开设的糙米栏、牛栏、猪栏鳞次栉比，是四乡农副产品出入的主要集散地。

数不尽的大船小艇，使得珠江上“桅樯如林”，也成就了一个生机勃勃的水上商业世界。宋元时期，广州“城外蕃汉数万家”“广州富庶天下闻”。当时的意大利旅行家鄂多立克就说过，广州是“一个比威尼斯大三倍的城市，整个意大利都没有这个城的船只多”。

## 清末水运逐渐衰落

清中叶以后，广州成为“一口通商”的口岸城市，城市的发展突破了原有城墙的限制，沿着珠江两岸和西关平原发展。在唐代以前，西关一带除一些台地的余丘外，大部分为浅海区，随后逐渐成为河道密布、湖沼星罗的河湖沼泽区。这里有司马涌、西濠、兰湖、西关涌（包括西关涌和下西关涌）、荔湾涌、龙津涌、荷溪、柳波涌等众多湖泊与河涌。

在东濠涌博物馆内，一张电子版的清代广州水城图呈现了古代广州“珠江与六脉相通，河涌溪流首尾相连，水系网络四通八达”的情况：广州北面靠山、三面环水，城西、城东建有护城河。那时节，广州人进城要撑着船划进“水关”，才能入城。

清末，西关一带被开发为城市居民区。此后，随着官方拆除城墙、开辟马路，广州水运逐渐衰落。甘溪也逐渐干涸，虽经屡次疏浚，一些河段还是渐渐沦落成了臭水沟。至清代末年，六脉渠水系逐渐淤塞或被改为地下暗渠。

近代以来，东濠涌在雨小时，“流水石桥素馨花，微风细雨古渡头”；一旦遭遇暴雨、洪水过境和台风“两碰头”“三碰头”，它就水患不断，“人家十万羊城居，一朝巨浸半丘墟”。

^ 东濠涌环境优美（苏俊杰摄）

# 当代治水现清水绿岸

第四章·第三节

## “海绵”城市生态治水

中华人民共和国成立以来，广州重视水利建设，开挖了麓湖（调蓄白云山山洪），修建了东濠涌水闸、珠江堤防等。2010—2014年，广州陆续开展了东濠涌综合整治、雨污分流、东濠涌深隧工程等建设。至此，昔日古城区域形成了“上蓄（挖麓湖）、中通（疏通东濠涌）、下排（利用珠江低潮位将水排入珠江）、外挡（水闸泵站挡住潮水倒灌）”的防洪（潮）排涝体系。

2019年，一只红尾水鸲在东濠涌栖息的消息不胫而走，不仅引起广州市民热议，还登上了各大新闻媒体的版面。红尾水鸲的出现，意味着这条古老河涌彻底告别了臭水沟的旧模样，实现华丽蜕变。

如今的东濠涌水清见底，水鸟成群；两岸绿树成荫、鸟语蝉鸣。河涌两岸建成了7.6公里长的绿道和带状公园，滨水步道、观景走廊、叠水瀑布、羽毛球场……东濠涌成了集园林景观、体育健身、休闲娱乐于一体的健康休闲观景新空间。

近年来，广州以“人水和谐”的新思路，探索出一条低成本、可持续的低碳生态治水之路。降水位、少清淤、不搞人工化是广州低碳治水的关键词。

猎德涌是流经珠江新城CBD（中央商务区）的一条古老河涌。如今，漫步于珠江公园门前的猎德涌畔，常常可见10多只白鹭时而在空中盘旋，时而在水中觅食，时而停在石头上梳理羽毛。在高楼大厦间，这一群白鹭怡然自得地生活着。

据水务专家介绍，广州本轮治水的一大特点就是科学治水、花小钱办大事，因地制宜、一涌一策。过去，猎德涌是需要补水的，故而要维持较高水位。因为水位较高，阳光无法照到水底，阻碍了水中生态系统的构建。管网截污的不断完善，使天河区有了降低猎德涌水位的底气。随着水位降低，猎德涌水体透明度提高，促进了水生植物生长，从而逐步构建完整的生态链和丰富的生物群落。

## “千涌通百川”泄洪涝

2010—2011年，几场特大暴雨中，暨南大学均遭严重水浸。为此，广州进行了暨南大学排涝改造工程，铺设了内直径达3米的排水管道及4台强排水泵，一旦遇到强降雨积水，水泵就会推动积水通过排水管道，进入潭村涌，最终排到珠江。暨南大学排水改造工程完工后，中山大道华南师范大学段、黄埔大道暨南大学段、陶育路等水浸“黑点”也逐步消失。

治水成效经受住了2022年广州十年一遇的“龙舟水”的考验。这得益于广州近年来不断筑牢的“千涌通百川、三江护安澜”洪涝安全网，以及用“以水定城，顺应自然”的海绵城市理念打造生态宜居城市的建设。

根据《广州市城市内涝治理行动方案（2021—2025年）》，广州将通过雨水管网、泵站、河湖整治、源头海绵、调蓄设施等一系列工程措施，到 2025 年基本形成“源头减排、管网排放、蓄排并举、超标应急”的城市排水防涝工程体系，不断提升城市排水防涝能力，全面消除老城区严重易涝积水点，新城区不出现“城市看海”现象。

治涝先治源，要从源头出发，给降水汇流降速，就得打破硬底，让城市成为海绵。广州国际生物岛环岛碧道采用的是具有海绵特性的铺装材料，不仅渗水、抗压、耐磨、防滑性能好，还能吸音减噪，环保、美观且舒适易维护，有效缓解了城市热岛效应，让城市路面不再发热。同时，碧道两边建有多处雨水花园、下沉绿地和用草皮、卵石铺设的生态边沟等，便于雨水的自然存积、渗透、净化，实现“大雨不积水，小雨不湿鞋”。

像生物岛碧道这样的各类“海绵”项目在广州越来越多。近年来，全市已形成海珠国家湿地公园、灵山岛尖、中新广州知识城等海绵城市示范项目或片区 50 余个。2021 年，广州入选全国首批“系统化全域推进海绵城市建设示范城市”。

# 第五章 云影湖光诗意栖居

文一刘幸

三大古湖云影湖光，数十新湖各领风骚。

今广州城区曾有三大古湖：兰湖、菊湖和西湖。除兰湖是天然大湖外，菊湖、西湖皆是古时先民胼手胝足开凿而成的人工湖。三大古湖一碧万顷、各自妖娆，生动记录了广州先民与水互动的漫漫历程。

进入当代，广州秉承先民治水的智慧，继续顺应自然、因势利导人工造湖，开凿了北秀湖、南秀湖、流花湖、荔湾湖、麓湖、东山湖、白云湖、海珠湖等人工湖，城区水患得以治理，城市的生态与居住环境得以明显改善。

湖总是静谧优美的，带来放松、忘我，从而唤起人心中的诗意。而择水而憩、临湖而居，千百年来一直是广州人心中理想的生活方式。

# 昔日三大古湖

第五章·第一节

## 兰湖，汉代依山通海建码头

古兰湖面积约 2.6 平方公里，三面环岗，东接文溪，东北接流花溪水，东至象岗山（今西汉南越王墓）及双井街一带；南至今东风西路与人民北路相交处（古称西山）；西与驷马涌汇合，西南与珠江相连；北至桂花岗。今流花湖、中国大酒店、东方宾馆、越秀国际会议中心、广州医科大学一带，都曾在兰湖之下。

从流花路走入流花湖公园北门，碧绿的湖面波光粼粼，岸边树木郁郁葱葱，楼阁亭榭点缀其中，一派鸟语花香。一块巨石上用小篆体刻写“流花”两字，另一巨石上则有三百余字的《广州群众义务辟湖碑记》，记录着流花湖开凿的历史。街坊们或许想象不到，若时光倒流两千年，这一大区域原是一片浩渺烟波，名兰湖，而流花湖仅仅位于兰湖的中部偏东处。

古代广州城较小，但城外湖泊很大。南朝《南越志》载：“番禺县北有三湖。”兰湖系三湖之一，又名芝兰湖，是古广州西部最大的天然湖泊。据《广州历史地理》一书，兰湖是“小北江自然堤后洼地潴水而成”。

西汉南越国时期，城西的兰湖成为国主赵佗眼中的“风水宝地”。赵佗在兰湖东边的象岗山上建朝汉台。此后，新任或即将离任的刺史、郡守等地方官，都要来这里一游，除了瞻仰古迹，亦可领略兰湖一带的优美风景。兰湖湖光山色，鱼翔水底，鸟飞湖上，湖畔古木森森，松柏繁盛，正好把酒临风、吟诗酬酢。

广州先民利用兰湖依山通海、波澜不兴的优势，从汉代起，历两晋、南北朝、隋、唐直至宋代，均将兰湖作为城西北的优良避风港和码头区。兰湖对广州经济发展与对外交往曾发挥过很大的作用，系中原与海外客商循着南粤古驿道水路进入广州的一个站点。

南海县衙曾经较长时间设置于兰湖码头附近。阮元《广东通志》载:“南海县署隋时建，在郡城西北兰湖里，唐、宋因之。”可知隋时兰湖里一带早已成陆，且已为民居聚集地，又是兰湖码头区，在此地设南海县署处理县政，亦便于管理当时在此地进行的商贸活动。

唐代，广州是万里通海夷道的起点，有内港与外港之分。由西、北江经由官窑、石门进入广州的旅客大多在兰湖码头上岸，先经泥城（今西场一带），可在泥城登陆，亦可驶入戙船澳，到戙船澳码头（今西华路西段彩虹桥一带）登岸。若走今西华路一线，东行至西濠，可从西门进入广州城，此路途最近。

唐代广州刺史李玭在兰湖边建余慕亭，方便往来客商与游人。唐代名相张九龄曾登临戙船澳码头一带，眺望宽阔珠江，写下《送广州周判官》一诗，留下“海郡雄蛮落，津亭壮越台”的美丽诗句。这里说的“津亭”就是余慕亭。

兰湖最美的时候是在一千多年前的南汉。据《越秀史稿》记载，南汉国主在越秀山麓依水势广建宫苑，在兰湖上修有一座木桥，一到春天，木桥就掩映在桃花中。宫女们每日晨妆时，将隔夜残花掷于水中，水上落英缤纷，这座桥就被呼作“流花桥”。据记载，流花桥是南汉宫殿的交通要道，是沟通各宫阙院囿的枢纽。流花桥历经变迁，如今仅剩一段清代重修的桥面，桥面长 5.48 米、宽 4.55 米，由花岗岩石板并排砌成，侧刻行书“流花古桥”四字。

宋统一南汉后，兰湖水域面积较前代缩小，但仍为城西北的避风港和重要水陆码头区。兰湖东岸则渐成街市，兰湖里是其中最有名的街道。

明代羊城八景中有“象山樵歌”一景，象山即象岗山，正位于兰湖旁。据《水润花城》一书所述，到了明代末期，随着城市的扩张，兰湖渐渐变成了一片沼泽，农民开始在这里遍种菱角、莲藕，流传有“夏卖莲花及藕，秋以莲叶为薪”的说法。

到了清代，兰湖湖水渐枯，全面淤积成陆。到民国时，此处仍为低洼沼泽地区，遍种蕹菜和西洋菜，有河涌穿行其间，老百姓称之为“大坑”。每逢下雨，众水所聚，兰湖附近街道如双井街、青石桥街等即成泽国。若是大雨数日，这里便成大片湖沼，分不清哪里是田、何处为涌。到了每年端午节期间，青石桥龙舟水涨，必定又是大水浸街。如今盘福路以西、东风西路北面建有广州国际金融大厦，大厦北面医国街内有兰湖里、兰湖一至五巷等街巷，这些街巷都因曾位于兰湖旁而得名，保留着古兰湖的历史记忆。

今天的流花湖虽然建在古兰湖的遗址上，但湖水已非当年的湖水，此乃后话。

^ 流花湖（陈忧子摄）

## 菊湖，旧址开凿出今东秀湖

唐代，菊湖东起今黄华路，西至今中山纪念堂，南至今东风中路，北至越秀山南麓，面积与今麓湖相仿，约 20 万平方米。今中山纪念堂、广东大厦、正骨医院、小北路小学、三眼井社区、越秀宾馆、粤海集团大厦、黄华塘社区等地均在当年的湖中央位置。

今越秀公园东南麓有东秀湖，东秀湖畔的观荷亭，造型别致，红色的瓦顶在绿树丛中显得格外醒目。湖边种植着蒲葵，小鸟唧啾，鲜花绽放，远望电视塔高耸入云，别有一番意境。若时光倒流，东秀湖往南的一大片区域，当年曾是一片水泽之国。

宋代羊城八景之一“菊湖云影”说的就是这片水泽——菊湖。可惜菊湖存在时间不长，直到清初，著名学者屈大均才把这个湮灭多年的人工湖考证出来。原来菊湖是广州先民顺应自然、因势利导开凿的。屈大均的《广东新语》“白云山”篇记述了开凿菊湖的情景：三国时期，吴国刺史陆胤看到广州近大海，每到秋天海水倒灌，珠江水就会有咸味，不利饮用和耕种，于是率军民开凿湖泊，蓄白云山甘溪水以供民用。他在白云山离广州城最近的地方开挖人工湖，让全城百姓饮用甘甜的白云山泉水。广州先民把水引往白云山西南的上、下二塘，水至越秀山东麓，一分为二，右支汇越溪之水，左支流入菊湖。待湖建成之时，时值秋冬，野菊遍及湖周四野，菊湖就此得名。

到了唐代，时任广州节度使卢钧再次扩建了菊湖。菊湖建成后，卢钧还在环湖的四周开辟了能跑马车的阔道，并在湖的堤岸上广种红棉、刺桐及奇花异草。

到了五代，南汉国主刘龑在菊湖之畔建成行宫，曰“甘泉苑”，把菊湖改名“流杯池”。他时常和宫女在湖中泛舟，饮酒歌舞。

北宋初年，广州第一次评选“羊城八景”，“菊湖云影”入选。泱泱湖水，清澈如镜，碧波粼粼，辉映蓝天，再衬以湖边翠绿青山，繁茂花木，景色宜人，是“菊湖云影”最迷人之处。

到了南宋年间，白云山的泉水已不足以流入上、下二塘，菊湖开始干涸。广州城建在珠江下游凹陷的古海湾冲积层上，北高南低，每当台风暴雨季节，北面的洪水倾泻，而南面的江水托顶，形成水淹广州城的危局。宋代大学士李昴英因势利导，开凿了两条运河，由北往南贯穿菊湖，把泉水引入清水濠和西湖。这两条运河除了有排涝作用外，还有交通运输的功能，也就是后来六脉渠中的左一脉、左二脉。

时移世易，菊湖在广州版图中慢慢湮灭。

清末，即菊湖消失700多年后，人们还是可以找到菊湖的遗迹。清代《番禺县志》记载：“药师庵始建于唐，菊湖之旧壤上，茂林修竹，实避暑之胜地也。”

到了民国初年，菊湖旧址仍残存着两个大的遗子湖：一个是挞子大鱼塘，另一个是将军大鱼塘。这两个大鱼塘直到20世纪20年代才被填平，菊湖遗迹自此彻底消失。

## 西湖，药洲原是湖心岛

明初，古西湖北起今中山路，南至今惠福路，东傍今北京路流水井街、龙藏街，西至今教育路西侧的朝观街，南北长、东西窄，面积约 16 万平方米。今北京街流水井社区、大佛寺、广百百货等当年是西湖一部分，今药洲遗址是西湖湖心岛遗存。

广州有一条路名为西湖路。望着马路边的路牌，外地人不免产生疑惑：西湖路怎么没有 “西湖”？两旁的繁华景象跟地名又有什么关系？

根据史料推断，早在汉代南越王时期就有西湖的踪迹。《南越志》中即有西湖的记载，表明至少在南朝时已有西湖，是一个规模较小的天然湖泊。

南汉国主刘龑割据岭南时，广筑离宫别院，又大大扩建西湖。湖长 500 余丈，其间有湖心岛，岛上有很多形状怪异、色彩瑰丽的石头，美称“九曜石”。这些奇石“嵌岩突兀、翠润玲珑”，展现了高超的叠石技巧，对后来园林“以石造景”的传统产生了深远影响，是我国古代早期园林的瑰宝之作。

不过，刘龑建这个湖心岛，可不是为了堆石头玩，他一心想要的是长生不老。为此，他请来一帮道士，在岛上为他熬炼仙丹，小岛故此得名“药洲”，又称“石洲”，或曰“葛仙洲”。

南汉灭国之后，西湖依然保留着烟波浩渺的风姿，历代地方官也屡次疏浚。

宋代以后，药洲成为士大夫泛舟、觞咏、游览的避暑胜地。

南宋时，西湖又称“白莲池”。宋代著名书法家米芾到此一游后，留下了“碧海出蜃阁，青空起夏云”的诗句，并在九曜石上题刻“药洲”两字，保存至今。

明代初年，广州东、西、中三城合而为一，西湖仍在城内，“药洲春晓”被列为羊城八景之一。明洪武三年（1370年），朝廷将药洲上的奉真观改建为“来远驿”。明宣德三年（1428年），朝廷又建濂溪书院。明天顺八年（1464年），朝廷在药洲北建“爱莲亭”，取周敦颐《爱莲说》之意。

此后，文溪改道入东濠，西湖水源断绝。不过，清代乾隆年间，西湖还有十余亩。晚清以后，西湖基本消失。光绪年间，药洲被称为喻园，后称九曜园，名称沿用至今。

现在，教育路南侧的药洲遗址只有小小一方水面是古西湖的遗迹。人们在此可以欣赏到历代文人墨客留下的90多座碑刻、石刻，细细体味古西湖千年来的分量。而西湖路、仙湖街这些名字，默默见证人世间的变迁。

^ 西湖路附近药洲遗址内的奇石（王维宣摄）

# 一叶扁舟，遍游三湖

古西湖、菊湖、兰湖水道相连，白云山的蒲涧水经甘溪流入菊湖，菊湖水经越溪流入兰湖，兰湖水经司马涌流入珠江，形成一个流动不息的水网。若宋代广州人雇一艘小船，从西湖沿着文溪逆流而上，两岸绿荫成阵，黄鹂声声，悠悠荡荡之间，就能抵达越秀山东南麓的菊湖，此处天光云影，美不胜收。再顺着文溪古水道，又可以“飘”进越秀山西麓的兰湖，此处烟波浩渺，一望无际，一条宽阔的河涌从兰湖向南，经今医国街、盘福路到东风西路一带。东边是高耸的城墙，在盘福路与东风西路交界处是北水关，即城里六脉渠的一个出城口。河涌到了东风西路，即以接近 90 度角转向西面，出北水关，然后再以近乎 90 度角转向南面，在第一津接通西濠，直下西堤。此外，沿着兰湖往西走，古人还可以驶进宽阔的驷马涌，最后进入珠江，北上中原、南通江达海亦不在话下。

^ 流动不息的水网（陈忧子摄）

# 开凿四湖因势利导

第五章·第三节

## 广州总动员挖“四湖”

为根治水患，广州秉承先民的治水智慧，基于珠江汊道、西关沼泽和湖泊故址，顺应自然、因势利导，全民总动员开挖人工湖。1921 年，新设立的广州市市政厅把越秀山开辟为公园。中华人民共和国成立后，广州市民在越秀公园开辟出北秀湖、东秀湖、南秀湖 3 个人工湖。

流花湖是在兰湖旧址上重新挖掘的。流花湖建成前，每逢大雨和汛期，流花地区、东风西路一带，包括大北立交桥等往往遭水浸。1958 年，广州市开辟人工湖，既改善了环境卫生、铲除了大片蚊蝇滋生地，又可在暴雨时将驷马涌上游的雨水蓄在湖内。

值得一提的是，开挖人工湖都是由广州市民义务劳动完成的。矗立在流花湖公园北门巨石上的《广州群众义务辟湖碑记》将当年的劳动场面记录了下来：“一九五八年二月广州市政府发动干部、工人、学生及居民义务劳动，挖湖筑坝整治环境。时广东省省长陈郁、广州市市长朱光等率先行动起来，群众踊跃参与，后计有参加义务劳动的达 170 多万人次，挖填土 100 多万立方米，逾年四湖始成，从此洪患息，涝孽解，空气得以调节，耕地尤赖灌溉，继而开园道、植林木、筑亭架桥、栽花种草、辟作公园，于兹已三十多年……”

流花湖自诞生以来，蓄洪、调洪等主要功能一直未变。如今的流花湖公园占地 50 多万平方米，成为集游览、娱乐、休憩功能为一体的综合性公园。

麓湖一带自古以来就是白云山溪涧流经之洼地，蒲涧等多条山涧溪流流经此处，属广州首当其冲的洪患高发区。20 世纪 50 年代，每当暴雨季节，附近的上下塘、登峰走廊经常成为洪水滔滔的“内海”。

1958 年，广州市的义务劳动大军从游鱼岗处筑坝蓄洪，建成一条高 9 米的挡水大坝，把源于白云山、越秀山及黄花岗等地的 6 条山坑水集于一处，形成今天所见的麓湖。麓湖正常库容超过 52 万立方米，滞洪时库容可达 112 万立方米以上。

东山从前有个“崩口塘”，是古代东濠口附近湖沼交错之地。1958 年 4 月，广州市组织市民义务劳动，基于珠江汊道挖掘东山湖。“我们怀着满腔热血，热火朝天参加义务劳动。”当年参与挖东山湖义务劳动的市民温姨如今满头银发，回忆起当年挖湖情景，恍如昨日：“当年年轻小伙子、小姑娘每个周末都来劳动一天，但大家并不觉得累。”

荔枝湾是广州城市河涌入珠江的西向节点，随着江水日益淤浅，荔枝湾由河湾逐步演变为今天的内湖，原本广阔的水域缩窄为断断续续的湖面，荔湾区逢源街、华贵路一带往往一下暴雨就发生内涝。

1958 年，广州义务劳动大军基于西关沼泽地开挖，将荔枝湾、泮塘一带坑坑洼洼的水田、鱼塘、烂地筑成人工湖，通称荔湾湖。1960 年，荔湾湖公园被正式命名。

短短一年，广州开挖出四大人工湖——荔湾湖、东山湖、流花湖、麓湖，解决了城区部分内涝问题。同时，广州修建四大人工湖公园，使其成为广州城市特色的一张名片。四大人工湖一园一貌，各领风骚：流花湖呈现“淡雅素装”之美，东山湖凸显“四季如春”之貌，荔湾湖塑造“荔枝”和“岭南水乡”特色，麓湖着力营造“一山环秀水，半岭隐涛声”意境。

∧ 满眼落羽杉的麓湖（杨耀烨摄）

## “北湖南闸”造就河涌美态

伴随着工业化进程，广州水域面积一度萎缩，部分湖泊水体曾混浊变臭，对市民生活生产带来影响。广州采取“北湖南闸”工程，打通治水的“任督二脉”，同时通过截污、扩建污水处理厂等措施，重现河涌清如许的美态。

其中，“北湖”包括广州最大的人工湖——白云湖，该湖为石井河等广州北部20条河涌提供活水。“南闸”包括海珠湖，该湖利用珠江潮汐水体与水闸，为石榴岗河、大围涌等6条河涌补水。2010年第16届亚洲运动会筹备期间，广州另有长虹湖、莲花湖等人工湖陆续建成。2012年至今，广州又新增荔湖、凤凰湖、花都湖、九龙湖等人工湖。到了2022年，广州共有常年水面面积达1万平方米及以上的湖泊46个，总水面面积达741.9万平方米，占广州市面积的0.99%。

近年来，广州逐步实现“清水绿岸、鱼翔浅底、水草丰美、白鹭成群”的美好水环境。2017年，东山湖实施水质提升项目，湖区各种沉水植物生长茂盛，形成美丽的“水下森林”。海珠区晓港湖通过实施全面截污、拆除沿线违建，恢复了湖体水生生态系统。海珠湖凭借超高的“颜值”和良好的生态环境持续“圈粉”，成为深受市民喜爱的休闲娱乐场所。海珠湖边绿草茵茵，湖面宽阔静谧，湖畔的树枝上栖息着许多鹭鸟。广州市水务局提供的数据显示，与2010年相比，广州中心城区白鹭等鸟类数量增加了3～5倍。

华南理工大学建筑学院高级工程师刘锐、教授级高级工程师李建平与韩锋等认为，广州建城史中，人们通过经营城市与水互动，反映了人与自然寻求共生关系而不断进行自我调节的过程，与今天提倡的“人与自然和谐共生”理念不谋而合。

^ 白鹭在东山湖公园觅食（莫伟浓摄）

# 第六章 江心岛妙绘传奇

文—张忠安

珠水流淌悠悠岁月，江心岛续写传奇故事。

广州是一座水城，岛屿众多，但到底有多少个？古往今来，这个数字一直在变化。历经水系演变，如今纳入规划的江心岛共 59 个（其中包含 14 个海岛），主要分布在流溪河、增江、珠江前后航道以及南航道。千百年来，这些岛屿发挥了重要作用，是广州人的栖息之地、战略要地、生活资源供给之地……它们融入城市，融入文化，记录着广州人文生活、城市发展和社会变迁。

# 地造人设『出』水融城

第六章·第一节

## 古番禺城本在岛上

珠江三角洲有一个特点：珠江入海口存在大量基岩丘陵，使得诸多泥沙附着在基岩之中，进而形成一个个沙洲岛。“岛”字始见于秦代，意为江河湖海中被水包围的陆地，广州很多叫“沙”“洲”“排”的地方，基本与岛有关，如在珠江流域一带，当地居民习惯称小的岛礁为“排”。广州文史专家栾成介绍，广州江心岛大多属于冲积岛，在千万年地质活动形成的基底上，由珠江水系泥沙沉积及海退海侵形成，又在城市发展和人工垦殖建设中不断蜕变为城市空间和人们生活的一部分。

从高空俯瞰广州，珠水波光粼粼，点点岛屿犹如一颗颗绿色宝石镶嵌于水面。

据史志记载，数千年以前，广东海岸线北达今日清远，西到今日肇庆，东达今日博罗一带。当时，今广州地区大部分地方是一个古海湾（溺谷湾），纳西江、北江、东江“三江之水”，由狮子洋涌来的海浪直拍今越秀山麓。后来，海水渐退，泥沙淤积，点点沙洲浮出水面，成为古时先民重要的栖息之地。

1956 年，广东省文物普查队在增城石滩镇发现了金兰寺贝丘遗址。贝丘遗址是古人类居住遗址的一种，大都属于新石器时代。这个遗址恰好位于古增江河口的一个小岛上，周边是淡水与咸水交汇的浅海地带。

2001 年，考古人员在广州南沙鹿颈村发现了一座墓葬，出土一具保存完好的人骨架。经专家鉴定，这副骨架的主人生活在约3000年前，是一名男性。专家复原了骨架头像，命名为“南沙人”。南沙大角山脚下的鹿颈村曾是古海湾中的岛屿，“南沙人”就在这里生活。

广州建城也始于一座岛屿。公元前214年，秦将任嚣平定岭南，在今广州中山四路城隍庙周边一带建立了城池，作为南海郡治（治：地方政府所在地），称为番禺城，俗称任嚣城，这被学界认为是广州建城之始。根据越秀区人民政府地方志办公室主编的《越秀史稿》，秦代之前，今越秀区一带大致由东、西、中三个岛屿和两个半岛组成。其中，中部岛屿由番山、禺山等相连而成，位于今华宁里、黄鹂巷一线以东，旧仓巷一线以西，番禺城即位于这个岛屿上。宽阔的甘溪水道在今越秀山东南应元路一带分成文溪东支和文溪西支，分别流经岛的两侧，接着注入浩瀚珠江。不过，在珠江北岸不断南移以及人工改造的过程中，水道逐渐变窄，岛的特征渐失。

秦汉时期，浅海水位后退，越来越多的沙洲浮出水面。相传，有一年，南越王赵佗率群臣登上越秀山，西眺远方，但见烟波浩渺，几座小岛沉浮其中，酷似芙蓉。南越王脱口而出“芙蓉”二字，从此这片水域中有了第一处实名地标——芙蓉沙，并成为广州芳村最古老的地名。据传，今天“芙蓉岗”“芙蓉八乡”“芙蓉三约”等地名也都源于南越王那随口一说。

## 唐宋江心岛渐增

唐宋时期，随着海水渐退，广州更多的小岛浮出水面。秦汉至三国两晋时期，今六二三路一带仍旧淹没于水下。到了唐代，这一带“浮”出小岛拾翠洲，也就是今天的沙面。当时，今太平沙一带还是一片汪洋，宽阔江水中仅有海珠石等岛礁，但到了北宋年间，这一带浮出五个大小不一的小岛，被称为“五洲”，涨潮时被水淹没，退潮时又露出水面，若隐若现，这是今太平沙的源头。

宋代，在今北京南路与东横街交会处有一座海山楼，被誉为“百越第一楼”，“海山晓霁”为宋代“羊城八景”之一。楼下为市舶亭，是外国商船停泊验关的地点。随着河沙不断淤积，明代时，五个沙洲连成一体，成为一个大沙洲。当地人开始上岛垦殖，低洼处种上莲藕、慈姑；边缘处种下杨柳，防止土地流失。到了清代，沙洲已与陆地相连，岛上莲花处处，渔歌声声，有了诗人笔下“四围碧叶三分水，几个沙鸥破夕阳”的美景。

这个沙洲为何称作太平沙？有一个传说称，当时有人在沙洲上开了一家糖水店，非常受人欢迎，岭南三大家之一的陈恭尹也是常客。糖水店老板是聪明人，便向陈恭尹索要墨宝。陈恭尹见这里杨柳依依，帆影点点，以“民生太平”为念，就题下“太平烟浒”四字。老板立即把题字镶嵌在画框中，挂在店门前招揽顾客。久而久之，人们就称这里为“太平沙”。

18 世纪，广州珠江上的小岛星罗棋布。收藏于大英图书馆的外销画“广州港和广州府城画”大概创作于清乾隆二十五年（1760 年），画面中有各种船艇近五百艘，人物七百余个，呈现了当时从黄沙到大沙头 8 公里珠江航段的盛况。画卷最西端，有一沙洲同广州城区陆地分隔，叫黄沙洲；画卷东端的二沙头、大沙头也依稀可见。

清末民初，随着江河泥沙不断淤积，很多江中沙洲逐渐融入陆地。例如，今增沙街所在地曾为增沙洲，今海珠广场东侧华厦大酒店所在地曾被称为新沙洲。1933 年，横跨珠江的海珠桥将硕大的“江南洲”（今海珠区）与北岸相连。

^ 沙面岛（莫伟浓摄）

# 海丝见证商贸兴城

第六章·第二节

## 上横档岛清代被称“国门第一关”

“九州南尽水浮天。”江海对岛屿的塑造从未停止，而岛对广州城、广州人的滋养也从未停止过，岛与陆地相连，拓展城市发展空间；岛上修建炮台，守护一方平安。在历史上，岛屿对商贸的影响颇大。在这些岛屿中，位于珠江口的横档岛、金锁排、舢舨洲，以及当时广州外港附近的长洲岛，就像一道道大门，守护着广州城的商贸繁荣。

广州海外贸易自古兴盛，外国商船漂洋过海而来，今珠江口虎门水道是商船必经之地。明代以前，外国商船可以直接进入广州城进行商贸交易。明清时期，外商入城有了严格限制，商船进入广州之前，必须通过道道关卡，第一道关卡便位于珠江入海口的横档岛上。所有外国商船经过虎门水道，都要到上横档岛上的税馆接受监管。

横档岛位于珠江口虎门水道中，面积只有约 0.05 平方公里，分为上、下横档岛，两者相距约 650 米。特殊的地理位置使这个弹丸之地成为扼守广州的咽喉之地。民族英雄关天培、林则徐都曾在这里“铁索拦江”，抵御侵略者。

横档岛还在商贸史上留下痕迹。1684 年，清政府开海贸易，朝廷在横档岛、南山和三门修建了三座炮台，为商贸保驾护航。粤海关成立后，朝廷将省城大关之一虎门口设为挂号口，在上横档岛设立“虎门税馆”，岛上炮台因此被称为“税关炮台”。据《虎门览胜》记载：“虎门距省百八十里，洋阔水深，乘潮驭风，不过一夜可到。十三行往来贸易，凡四十余国，莫不以虎门为总汇焉。”位于珠江出海口的虎门水道成为清代外国商船出入黄埔港的主要通道。在当时的外商看来，上横档岛就是“大清国门第一关”。华南理工大学教授谭元亨曾评价，虎门税馆是清政府“一口通商”的重要前沿关口，直接促进了广州十三行的繁荣。

据文献记载，当时凡是由珠江口进入广州的外国商船，必须先在虎门口外洋下锚，在驻澳门的广州府海防部门办理手续，领取进港牌照，并雇请有官方牌照的中国引水员（领航员）。获批后，商船在引水员带领下进入虎门水道，由虎门税馆官员检查商船贸易许可证以及是否有违禁货物，如有违禁品，要在上横档岛卸载。一切就绪后，外国商船方可在引水员带领下，通过虎门水道，驶向广州黄埔古港。驶离广州港时，外国商船要先去粤海关领红牌，在通过上横档岛时，由炮台守军验明后方可放行。

20 世纪初，为方便外国船只顺利进入广州贸易，广州海关在上横档岛东面修建金锁排灯塔，这也是广州最早的航海灯塔。

站在上横档岛，可以看到下横档岛以及飞架而过的虎门大桥。虎门大桥的一根桥柱底部旁有座灯塔，它就是金锁排灯塔。当时，珠江口水流湍急，夜间经此航道进出的商船，都要靠这座灯塔的指引。直到 20 世纪 90 年代虎门大桥建成，灯塔被桥墩遮挡，才结束使命，小岛成为跨海大桥的基石。

^ 上横档岛一隅（李波摄）

^ 航拍上横档岛（李波摄）

## 长洲岛成“国际岛”　商船排队数公里

驶向广州的外国商船离开横档岛，下一站就是黄埔古港。黄埔古港位于横档岛沿江北上大约 90 公里处，是广州历史上的外港，其所在地长洲岛也因黄埔古港而闻名于世。早在唐宋时期，广州港就有内港与外港之分，内港靠近城区，外港则是位于今黄埔区庙头村西、南海神庙附近的扶胥港。不过，从宋末开始，航道不断淤积，大型商船逐渐难以进港。

明朝初年，由于扶胥港水域泥沙淤积，船舶无法靠岸，港口移至琵琶洲黄埔村一带水域，始有“黄埔港”之名。长洲岛是珠江黄埔段的江心岛，与黄埔村只有一江之隔。清同治年间，因黄埔村一带河沙淤积，广州外港、黄埔挂号口迁至长洲岛，沿用“黄埔”之名。今长洲岛孙中山先生故居就是当年海关挂号口所在地。从此，这个陆地面积不足 9 平方公里的江心岛正式登上历史舞台，极尽一时之盛。

全盛时期，长洲岛外江面的商船排出 3 公里长，岛上商贾云集。外国的水手、中国的力夫，把漂洋过海而来的钟表、珐琅、玻璃镜等西洋货卸下来，再装上接驳小艇，顺珠江直至十三行码头；又从十三行运回丝绸、茶叶、瓷器等中国货，在长洲岛装上外国商船，驶向全球各地。

因当时外国人进城有一些限制，大部分外国水手只能在长洲岛休憩、补给。活动于此地的有欧洲人、美洲人，还有东南亚人、波斯人以及阿拉伯人，讲洋味粤语甚至成了当地的时尚，长洲岛成为名副其实的“国际岛”。今长洲岛上的巴斯楼、外国人墓地等历史古迹都是这段历史的见证，承载了一段影响广州、中国，乃至世界的商贸故事。

^ 航拍长洲岛（苏俊杰摄）

# 地理小岛变功能大岛

第六章·第三节

## 二沙岛被誉为体育冠军摇篮

昔日的风风雨雨已消失在岁月的长河中，曾经的安防之岛、商贸之岛正成为生态之岛、教育之岛、科技之岛，从地理小岛蜕变为功能“大岛”，传承广州开放包容、开拓创新的城市文化，彰显广州向海而兴的勃勃雄心。众多岛屿中，二沙岛、小谷围、龙穴岛、官洲岛等是最耀眼的代表。

踏入二沙岛，烟雨路、春晓街、蒲涧街……一连串极富韵味的路名，简直可以连成一首诗。一个小岛上为何有这些美丽路名？这就要从二沙岛的开发说起。

二沙岛的现格局源于20世纪80年代广州掀起的新一轮城市建设。此地原名“二沙头”，1985年的规划方案要将这里塑造成“具有最绿、最静、最美以及高标准的居住、文化、娱乐、风景区”。此后的十多年里，广东美术馆、星海音乐厅、广东华侨博物馆等公共文化场馆相继建成。一个拥有高端文化品位的江心岛出现在公众视野，岛中过去的旧地名似乎与这些现代建筑不搭调。1989年，广州市地名委员会宣布，将“二沙头”改名为“二沙岛”，原路名全部取消，在数十套命名方案中选用以“羊城八景”来为“新岛”道路命名的方案，这就有了今天人们看到的诗意路名。

二沙岛的开发还与国人的奥运梦息息相关。1952年，原本想在奥运会上一展身手的中国队因各种原因壮志未酬。当时，全国还没有一个可供国家队训练的完整场馆。综合地理位置、气候条件等因素，国家队训练基地最终定址广州二沙头。训练基地设计参考当时世界上体育训练设施最为完备先进的布达佩斯体育岛，历时一年零八个月竣工，整个场馆可供田径、游泳、跳水、足球等 20 多个项目同时全天候训练，这在国内前所未有。基地建成后，从这里走出了 100 多个冠军，他们共打破世界纪录 1000 多项次。二沙岛也因此有“中国体育冠军的摇篮”的美誉。

^ 航拍二沙岛（陈忧子摄）

## 小谷围书香氤氲

除了二沙岛，另一个江心岛也成了文化之岛，那就是广州大学城所在的小谷围岛。很多人不知道，这个江心岛的本名是小箍围。“小箍围”之名较早见于清人屈大均所著《广东新语》：“下番禺诸村。皆在海岛之中。大村曰大箍围。小曰小箍围。”因这里四面环水，像是被水围束住的箍桶，才有了这个直接而又形象的名字，后来这里改称小谷围。

小谷围岛在历史上是南汉王室的狩猎场和御花园，距今已有1000多年历史。南汉王室在小谷围建昌华南苑，并在苑中建造了一座行宫，名为昌华宫。《南汉书·高祖纪》对昌华宫有一段描述：“建玉堂珠殿，饰以金碧翠羽，悉聚珍宝实之。”从中可见建筑之精美豪华。如今，小谷围岛上的南汉行宫早已灰飞烟灭，但地宫还在，埋葬南汉国主刘龑的康陵和埋葬其兄刘隐的德陵被合称为南汉二陵，现为全国重点文物保护单位。

在广州大学城开发之前，小谷围岛上一派水乡风光。2001年，广州决定将小谷围岛及其南岸地区作为大学城的选址。从2004年9月的第一批大学生入校算起，已逾20多年，小谷围岛蜕变成文化教育“大岛”。中山大学、华南理工大学、暨南大学、华南师范大学等12所高校、20多万师生在此学习深造，成为目前我国一流的大学园区。小谷围岛还拥有世界最大的科学中心、运算速度全球领先的超级计算中心、60多家创新型企业，被誉为“粤港澳大湾区重要的创新动力源”。

## 龙穴岛生物岛成新高地

在小谷围岛以文教闻名于世之时，广州最南端的龙穴岛也正以新的面貌展示广州向海的雄心。龙穴岛位于珠江口蕉门、虎门水道出口交界处，岛上居民昔日一直靠种植、捕鱼为生。21 世纪初，广州提出“南拓、北优、东进、西联”的城市发展战略，给海岛带来新的生机。

最先进入龙穴岛的是广州港。2001 年，广州港成立南沙工程办公室，负责新的海港口建设，刚刚参加工作四年的小伙子郑际毅走上龙穴岛，当起了一名“拓荒者”。他回忆，当时的龙穴岛还是座荒岛，没水、没电、没桥，上岛工作要乘坐快艇。但在“就算脱几层皮、掉几斤肉，也要抢时间建成南沙港区”的口号下，拓荒者们克服一个又一个困难，将这里建设成为一座新的世界性港口，外贸航线通达全球五大洲。同期建设的中船龙穴岛造船基地，已成为华南最大、全国三大造船基地之一。2015 年，南沙自贸区正式挂牌，龙穴岛内 15 平方公里的土地被规划为海港区块，号称全国最大“冰箱”——广州南沙国际物流中心南区冷链项目落户小岛最南端。一批海洋高端工程装备制造和现代海洋服务等高端产业也集聚龙穴岛，书写新的故事。

更多的岛屿也融入城市开发建设。官洲岛加入了科技开拓创新的时代潮流。官洲岛即广州国际生物岛，南依大学城，东望长洲岛，面积不足 2 平方公里，现在人们习惯称其为“生物岛”。21 世纪初，政府筑巢引凤，吸引多位业界大咖到生物岛创业，广州金域医学检验集团董事长梁耀铭是其中的一位。经过多处考察，梁耀铭相中了生物岛。谈起这段经历，梁耀铭说，第一次来到生物岛考察时，进驻的企业不多，交通也不方便，但他相信这个岛“会有大动作”。

2015 年，金域医学总部搬到生物岛。就在这一年，在美国生活了 30 年的范建兵博士回国创业，也“定居”生物岛，创立基准医疗，与金域医学一同见证这里从荒芜到繁盛的巨变。范建兵曾说，刚开始，岛上办公楼基本上是空的，想去几楼可以自己挑，但现在几乎满了。如今这里聚集了阿斯利康、默克、赛默飞等世界 500 强企业，以及恒瑞医药、百济神州等国内一流生物医药企业总部、区域总部和研发总部，医药研发发展水平跻身国家第一梯队，就连中国工程院院士钟南山、中国科学院院士裴钢等都将高水平实验室“安家”生物岛。

广州与江海共生，江海也为广州带来了许多岛屿。千百年来，一座座岛融入城市发展，融入人们的生活。如今，岛与城、岛与人的美好传奇故事仍在继续。

^ 科考船在南沙区龙穴岛码头（苏俊杰、李夏同摄）

^ 广州国际生物岛（杨耀烨摄）

# 岛与城不再遥远

第六章·第四节

今天，广州人用一座座横跨珠江的现代桥梁、过江隧道、轨道交通、人文景观桥等，让岛与陆地彼此连接，不断消除岛和陆地之间的“隔阂”，将岛屿塑造成家园，塑造成历史的见证，塑造成诗和远方。

“过去进一趟城不容易，实在太远了。”在长洲岛深井村居住了将近70年的凌先生说，自出生的那一刻起，他就是这里的岛民。他口中的“进城”是指前往北京路和西关一带。从地图上看，如今长洲岛到北京路20多公里，开车经新化快速出岛，大概40分钟抵达。然而，在过去，长洲岛上的居民要想进城，先得步行去深井或长洲码头，然后坐轮渡到对面的天河或海珠，再转公共汽车去北京路或西关，一趟需要三四个小时。因此，很多人一年也只离岛一两次，有些人甚至三五年都不出岛。

20世纪80年代，长洲岛和小谷围之间架起了赤坎桥。在凌先生的记忆中，这是第一座将长洲岛与外界连接起来的桥。从此，岛上居民出岛不再只靠轮渡。

进入21世纪，珠江江心岛与陆地连接得更为紧密。2017年1月，广州新洲至化龙快速路化龙至长洲段（南段）通车；2021年6月，新洲至长洲段（北段）通车。新化快速与广澳高速、东二环高速、广台高速相连，融入粤港澳大湾区交通网。走新化快速，长洲岛居民可以直达海珠和番禺。在长洲岛工作多年的陈女士说，她刚到长洲岛工作时，主要靠轮渡和赤坎桥进出岛，现在方便多了，可以从赤坎桥、大学城出岛，也可以从新化快速出岛，还可以乘坐地铁，感觉与市区的距离越来越近。

^ 大吉沙岛是目前广州唯一一个必须乘坐轮渡才能进入的江心岛（苏俊杰摄）

^ 舢舨洲岛，灯塔为航船指引方向（李波、罗知锋摄）

| | |
|---|---|
| 01. | 沉香沙 |
| 02. | 大坦沙 |
| 03. | 沙面 |
| 04. | 二沙岛 |
| 05. | 海心沙 |
| 06. | 沙仔 |
| 07. | 北帝沙 |
| 08. | 洪圣沙 |
| 09. | 大吉沙 |
| 10. | 大蠔沙 |
| 11. | 大车尾岛 |
| 12. | 丫髻沙 |
| 13. | 南海心沙 |
| 14. | 广州国际生物岛 |
| 15. | 大学城（小谷围岛） |
| 16. | 长洲岛 |
| 17. | 鲤鱼岗 |
| 18. | 龙门沙 |
| 19. | 海心岗 |
| 20. | 海鸥岛 |
| 21. | 广州沙仔岛 |
| 22. | 小虎岛 |
| 23. | 大虎岛 |
| 24. | 上横档岛 |
| 25. | 下横档岛 |
| 26. | 观音沙 |
| 27. | 大刀沙 |
| 28. | 紫坭岛 |
| 29. | 大洲岛 |
| 30. | 南岗洲 |
| 31. | 鲇鱼洲 |
| 32. | 河心洲 |

33. 糖家墩
34. 太阳岛
35. 下渡竹洲
36. 竹洲
37. 无名岛 1
38. 无名岛 2
39. 无名岛 3
40. 无名岛 4
41. 鹤之洲
42. 圣皇洲
43. 无名岛 5
44. 无名岛 6
45. 湖心岛
46. 大塘洲
47. 无名岛 7
48. 无名岛 8
49. 鹅桂洲
50. 泊鹤州
51. 金锁排
52. 凫洲
53. 沙堆岛
54. 舢舨洲
55. 龙穴岛
56. 沥心沙
57. 屎船沙
58. 无名岛 9
59. 北海心沙

# 第七章 水城码头不胜数

文一倪明

水城码头不胜数，印证繁华客云来。

“水城”广州自古河网密布，码头林立，舟楫往来，八方来客，货如轮转，文化汇合，如同珠江奔流不息。从广州最早的码头“泥城”开始，2000多年来码头位置由北而南、由西而东迁移。码头不仅是重要的交通枢纽、连接内外沟通南北的纽带，无数故事和历史也在此处“停靠”。20世纪60年代之前，广州只有一座海珠桥横跨珠江两岸，居民生活离不开水路和码头。今天，广州有30多个客运码头仍在使用，不少市民、游客依然喜欢坐船，欣赏旖旎风景。珠江两岸林立的码头，见证了广州的繁华过往，更陪伴了一代代广州人的成长。

# 今日闹市　古多码头

第七章·第一节

“大体上来说，广州的港口、码头位置迁移的线路是由北而南、由西而东。”广东省科学院广州地理研究所研究员梁国昭说。

今天的西村发电厂南门处，立有“开越陆大夫驻节故址”石碑。按照梁国昭的推测，2000多年前，这里是驷马涌口附近的一个红岩岛。刘邦派汉初第一辩士陆贾南下广州就是在此登岸的。赵佗起初拒不接见陆贾，而陆贾气定神闲地修筑十里土（泥）城作为驻地，与随从在此驻扎数月，靠三寸不烂之舌成功劝说赵佗归顺。“泥城”就此青史留名，是番禺（古广州）有文献记载的最早码头，这个地名一直沿用至清末。虽然今天的地图上再也找不到这个地名，但老广州大多知道，西村一带曾有过“泥城”。

南朝梁武帝时期，天竺僧人菩提达摩沿着海上丝绸之路东渡，历经三年寒暑，终于在广州的绣衣坊码头登岸。他的登陆地点被后人称为“西来初地”，意为来自西方佛国的高僧最早踏足之地，今下九路的西来正街、西来东街、西来西街等街巷也因此而得名。菩提达摩抵达广州后，便在登岸的地方设“西来庵”传教，开中国佛教禅宗之始。今日，在广州下九路的西来正街街口，一块灰色牌坊上刻有“西来初地”四个字。西来初地作为古码头的风光已无从寻觅，取而代之的是周围林立的商铺和涌动的人潮，禅意和世俗、寂静和喧闹在这里交汇，见证了中外文化的交流、碰撞与融合。

泥城码头与“西来初地”，以及宋代花地河出口处的大通古港等，都属于不同时期的广州外港。

# 船舶如云　商贸传奇

第七章·第二节

## 秦汉：外来船舶多在兰湖码头靠岸

广州历史上著名的内港有秦汉时期的兰湖码头，晋至南朝时的坡山（古渡）码头，隋唐时的光塔码头，宋元时的西澳、东澳、西湖码头，明代的蚬子步（怀远驿）码头，清代的十三行码头，以及清末至民国时期珠江内外航道诸码头等。

如今，流花湖、中国大酒店、广州东方宾馆、广州越秀国际会议中心、广州医科大学一带高楼林立。秦汉时，这里还是一片碧波，兰湖码头就在这里。往来西江、北江的船只经由官窑、石门进入广州后，常泊于此。由北江、西江来广州的旅客，也大多在兰湖码头登岸入城。盘福路以西、东风西路以北至今仍有兰湖里、兰湖一至五巷等街巷，这些地名里蕴藏着古兰湖的记忆。

晋代，珠江北岸直抵今天的惠福西路，坡山南麓在江边突出，状如岬角，是一个天然避风良港。五仙观留下的“仙人拇迹”，就是当时珠江长年冲蚀的痕迹。

## 唐：光塔码头蕃舶如云

兰湖码头的使用时间很长，到了唐代还是一个避风港。不过，那时的码头区已移至今光塔路一带。当时珠江北岸一线大概在今惠福路之南，文明路之北。光塔码头就位于坡山半岛西侧的浮丘湾畔。来自东南亚、南亚、西亚等地的商人，沿着海路而来，在光塔码头登岸。他们的商船满载珠贝、象牙、犀角、紫檀木等异域珍品，来到广州售卖；又将中国的丝绸、茶叶和瓷器销往世界各地。如今光塔码头虽已不存，但古塔犹留、古寺犹存、街巷地名犹在，见证了广州港作为海上丝绸之路起点之一的历史。

## 宋：东澳码头主营盐运

宋代，广州子城两侧加建东城和西城。光塔码头所在的浮丘湾已演化为南濠，被包围在西城之内；海印湾演化为清水濠，被包围在东城之内。两濠分别被称为西澳和东澳，是宋代广州最重要的内港码头区。

盐业是宋代朝廷最重要的财源，广州盐仓就设在文溪边，东澳承担着盐运码头的重要功能。如今的仓边路、仓前巷、贤思街（原名盐司街，古代管理盐政的衙门所在地）等地名，均印证了此处曾是两广地区最大的运盐中心。

## 明：蚬子步码头“千艘万舫”

明永乐年间，广州内港码头移到城西的蚬子步（今杨巷路怀远驿街一带）。来自五湖四海的货品被源源不断地贩运至广州出口，蚬子步码头成了“致天下之民，聚天下之货”的宝地。据《南海县志》记载：“居贾行商，往来络绎，脱遇风涛大作，则千艘万舫，皆可以衔舻而入避。”从“千艘万舫”这四个字里，可以想象出当年蚬子步码头贸易繁荣的程度。

蚬子步码头旁建有“怀远驿”，落成于明永乐四年（1406年），有房屋120多间，是朝廷用以接待贸易往来的外商之所，也可以说是当时的“国宾馆”。怀远驿气势恢宏，雕梁画栋，富丽堂皇，在外商中颇负盛名。

## 清：十三行码头记录“天子南库”之繁华

随着珠江北岸的南移，原位于江边的怀远驿逐渐远离江岸。到了清代，蚬子步码头移至十三行之南。这里有进出口贸易码头，有各种货栈和仓库，更有各国的商业机构和洋行，以及粤海关和广东邮政局，西关迅速崛起。

如今的地名“怀远驿”位于荔湾区怀远社区，是西关十八甫一条不起眼的小巷，巷内麻石板路仅有 4 米宽。这里大部分一楼的房子都成了服装批发商户的仓库，而怀远驿的南端路口则建有西关男装批发的中心，往来如梭的人们仿佛延续着当年商贾的脚步。

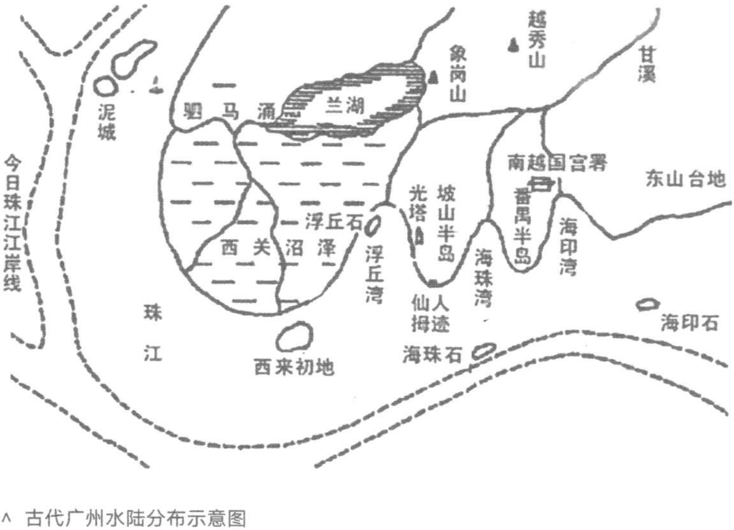


^ 古代广州水陆分布示意图

# 天字码头 第一码头

时光荏苒，广州很多古码头已不复存在，但天字码头仍屹立在珠江畔。天字码头始建于明代，与一般的码头相比，它气势不凡：楼高两层，布局对称，屋顶用黄色琉璃瓦镶边，十多根红色大柱立于廊下，恢宏雄伟。这座码头究竟有何与众不同之处，能以“天”命名？

天字码头因珠江缩窄曾四度南移，虽然现码头碑文称天字码头始于清代，但据《广东通志未成稿》记载，天字码头的兴建，可追溯至500多年前的明代中期。据说，大埔县人李寿相在广州救了不慎溺水的陈公子——一位省城富商之子。为报救命之恩，陈公子送了李寿相1200两银子。李寿相随后自购船只，并在城南江边建了一个码头，取名“天字码头”。码头名“天字”，乃源于《千字文》第一句“天地玄黄，宇宙洪荒”，“天”字排在首位，有“第一”和“最大”的含义。天字码头的名字后来被官府承认并沿用。

从明代开始，珠江急剧缩窄，明时江面只有650米宽，比宋代缩窄了450米。李寿相初建码头的明成化年间，珠江北岸一线在今北京路与接官亭（巷名）相交处以北，天字码头地处当时广州城外南面的江上沙洲——太平沙上。清代，珠江缩窄至550米，江岸已南移至今接官亭以南，明代初建的那座天字码头已不存。清雍正七年（1729年），朝廷在太平岛南端江岸（约在今北京路与接官亭相交处之东侧）重建码头，仍称之为“天字码头”。从此，天字码头由最初的私人码头变为官府码头，专用于接送过往官员进出省城，民船不得停泊。同年，广东布政使王士俊在码头旁修日近亭（又称“接官亭”），供接官之用。

往后，天字码头的位置仍不断南移。昔日钦差大臣林则徐下船登岸的那座天字码头，已迁建至今北京路与八旗二马路相交处以北，距近日亭有一段距离。至清末，珠江北岸已南移至今沿江中路一线北侧，随岸线迁建的天字码头则建在今北京路与沿江中路相交处附近，离近日亭已很远。至民国初期，天字码头再度南移，已很接近今天码头的位置。随着长堤的筑就，江岸变得稳固，码头的位置随后基本固定下来。

尽管多次迁移，但天字码头始终与古城中轴线繁华的道路（今为北京南路）相连，这使它有了成为广州第一码头的理由。特别是在清末“五口通商”后，天字码头屡加扩建，成为珠江最大和最主要的码头。

现今天字码头在潮起潮落间发生了无数故事：明代著名理学家陈白沙的岭南心学走出岭南，影响辐射中原。陈白沙在奉旨前往京城的路上，曾路过广州，就是从天字码头上岸，当时其景仰者站在路边迎接，可谓“千万”之多。1927年1月18日，鲁迅“抱着梦幻而来”，在天字码头登岸，而距码头不远的高第街，就有其爱人许广平的家。

天字码头大厅的外墙上刻着两幅浮雕，左边是林则徐，右边是孙中山。1839年，林则徐来广州，在天字码头下船；后来，他黯然挂冠离去，也是在这里上船的。天字码头还见证了近代历史时刻——1912年4月25日上午，辞去临时大总统之职的孙中山，走下乘坐的舰船，走上天字码头；1922年6月16日，陈炯明部将叶举炮击越秀山总统府，孙中山化装出走，亦是在天字码头登船。

时光跨越百年，天字码头由私人货运码头、官方专用码头到如今全民共享的轮渡和旅游码头。从清同治年间开始，来往广州的货船、趸船也可使用此码头。天字码头还不断扩大客运功能，当时由此出发已有开往香港、东莞等地的渡船线路，天字码头也逐渐成为通往珠三角各地航运的总站。

天字码头于 1964 年被拨给广州市轮渡公司使用，成为珠江边最重要的渡口之一。今天，天字码头已成为广州使用时间最长的珠江轮渡码头与珠江夜游的一站。夜晚，在此上船游客可欣赏珠水夜韵，一睹城市繁华。

^ 天字码头是珠江上使用时间最久的码头（陈忧子摄）

# 百年码头　别具新韵

第七章·第四节

## 西堤码头：广州最早的机动轮渡码头之一

20世纪初，广州修筑长堤。这条广州当时最长、最宽的马路，东接广九铁路，连接东山；西至沙面，连接黄沙粤汉铁路车站，将铁路、马路、水路三大运输系统相连。1912—1921年，长堤新建和重建了9座大型码头。之后随着城市发展，珠江沿岸更是修建了大大小小的码头，开通了连接省内各地以及广东与外省的主要航线。这些码头至今依然矗立在珠江畔，从中我们不但能看到今日广州的繁华，还可管窥广州过去百年的历史。

在西堤码头的西面，有一栋小楼，它的主体建筑带有明显的西式风格，楼顶却是中式的丁字脊歇山顶。这栋奇特的房子，有一个富有诗意的名字——塔影楼。

时光倒流回百年前，西堤码头是广州最早的机动轮渡码头之一。南粤名人陈少白倡议打破外国垄断，由华人自组粤航公司，经营穗港航线，获得认同，被推为总司理。陈少白在商场上也显示出灵活的手腕。1918年底，第一次世界大战结束，英国为复兴航运业，高价收购旧轮船，陈少白趁机把公司船只全部卖给英国，结束了粤航公司，购下西堤联兴码头。一战后航运复兴，陈少白将码头出租给轮船公司使用，每月租金毫银三千元，成为孙中山革命经费的重要来源。塔影楼是在1919年建起来的，主要用作码头事务所，并作为陈少白在广州时的寓所。孙中山在广州的时候，对这位挚友十分挂念，不时到塔影楼找陈少白，并在二楼小住。

受珠江潮水涨退的影响，塔影楼地基构造发生变化，曾倾斜 30 多厘米，被称为“广州比萨斜塔”。后来，政府投入资金，开展扶危工程，使塔影楼重获新生。如今，塔影楼变身为西餐厅，成为繁华江畔一道美丽景致。

^ 今天的西堤码头（莫伟浓摄）

## 中大码头与大元帅府码头：孙中山曾多次留下足迹

在广州塔码头坐船出发，一路往西，不到五六分钟，就到了中大码头，能看到“国立中山大学”的牌坊。中大码头原名康乐码头，1952 年改为现名。孙中山曾三次乘船到岭南大学（今中山大学）演讲，都是在这里上岸的。中大校园里绿树红墙，怀士堂、爪哇堂、惺亭等人文建筑就隐藏在郁郁苍苍的草木之间。

再往西，就是大元帅府码头，大元帅府近在咫尺。大元帅府码头原名石涌口码头，其前身是广东水泥厂运输码头，孙中山于 1917 年被选举为海陆军大元帅，就是在这个码头登岸，到达大元帅府的。

## 大沙头码头：曾被誉为“水上白云机场”

坐船从中大码头驶过海印桥，便可看到沿江路的大沙头码头。1918 年，孙中山划定大沙头为飞机场，当时大沙头飞机场分水上飞机场和陆上飞机场。1923 年，“乐士文一号”在这里首度试飞成功。

20 世纪 60 年代，大沙头码头开始正式营运。这里曾是广州与珠三角其他各地之间的水路客运枢纽，被称为“水上白云机场”，日进出旅客过万人次。20 世纪 90 年代，各条航线逐渐取消；2000 年，该码头宣告内河航运业务暂停，码头逐渐转型为以珠江游为主的旅游码头。如今，大沙头游船码头是最大的珠江游船“母港”。

20 世纪 90 年代，广州人学习香港西贡码头专营海鲜生意的做法，将大沙头的河运码头仓库改建成大型海鲜食坊一条街，夜市生意火爆。外地游客来穗，如果没去过大沙头西贡渔港吃饭，就不算到过广州。

^ 清晨，渡船从新造渡口出发（李波摄）

# 码头记忆 从未褪色

第七章·第五节

“香港有天星轮，我们有‘铁壳仔’。小时候一上船，就会‘霸’（粤语‘占’）住船尾的位置，看着螺旋桨划动江水，变成一条白色泡沫。”老广阿潘说。在老街坊的记忆里，码头如同今天的公交站、地铁站一样，曾是市区内最主要的交通基础设施。

二十世纪八九十年代的广州，经济腾飞，工厂多了，来往珠江两岸的人流量也随之增加。广州市内轮渡迎来了前所未有的黄金时期，有 27 条航线、48 座码头，曾创下一天 10 万人次的最高客流量、年发送旅客近 1.1 亿人次的辉煌纪录。当时在轮渡上工作的广州公交集团客轮有限公司船长谭伟明说，那时在上下班高峰期，等待坐船从黄沙到芳村各个码头的队伍排到了珠玑路，船票都是用桶来收。从清晨到黄昏，随着轰鸣的马达声，一艘艘渡轮徐徐靠岸，又徐徐驶向远处，人们跨江上下班、上下学，约会、喝早茶、买菜……珠江两岸的码头陪伴了一代代广州人的成长。

随着过江桥梁、隧道、道路、地铁的兴建按下“加速键”，轮渡过江需求减少，珠江夜游随即悄然兴起。原本只是代步工具的轮渡船白天摆渡，晚上“兼职”当游船。“当时的轮渡船有八九百个客位，船很大。船舱内都没有安装玻璃窗和空调，四周通透，全凭自然江风吹拂。”谭伟明说。以前，广州塔往东的这段航线灯光稀少，黑漆漆一片，今珠江新城一带就是珠江夜游的终点。如今，城市天际线沿着珠江向东延伸，游船驶过猎德大桥，来到珠江琶洲段，仿佛穿过科技感十足的都市森林。

虽然码头的交通角色淡化，但广州的水路故事并没有结束。市区内芳村码头、大元帅府码头等依然用于街坊日常出行；广州亚运会后，广州塔码头和海心沙码头等新码头纷纷投入使用。目前，广州水上巴士共有 14 条航线，西到金沙洲，东到长洲，南到南浦锦绣半岛。其中，老广州熟悉的天字码头、鱼珠码头、中大码头等传统渡口都包含于航线中。

如今，“从中大码头坐水上巴士 S02 线（中大码头—芳村码头）看羊城地标”成为年轻人打卡广州的新方式。而如果从海心沙码头乘坐水上巴士 S12 线往东行，去往鱼珠码头，又是另一番景象。鱼珠码头是黄埔重要的水上客运交通枢纽，也被称为广州最繁忙的渡口之一，每天约有 6000 人次过渡。从鱼珠码头前往新洲码头，除了能通往黄埔军校旧址，还能抵达广州最大的疍民聚居地——渔民新村。20 世纪 30 年代，珠江上疍家船连天相接，云集了大约 15 万疍民。从 1956 年起，广州每年拨款兴建住宅和工厂来解决水上居民定居和就业问题。随着一处处水上居民新村或住宅拔地而起，水上居民全部上岸，安居乐业。

# 码头故事　再书新篇

第七章·第六节

轻舟一叶过，两岸珠水长。2023年5月4日，在琶洲港澳客运码头，随着一声清亮的船鸣，“海珠湖号”高速碳纤维客船正式投入运营，驶往香港。乘客经琶洲港澳客运口岸的联检楼过安检，到达出境大厅，即可自助取票和值机，再经出境查验后就可以登船，“无缝”到达香港国际机场，无需再办理出入境手续。

“以前可以在城区洲头咀客运码头坐船去香港，现在坐船2小时直达香港国际机场，方便!”旅客曹女士高兴地说。

1978年，改革开放之初，中断了29年的港澳直接通航重新恢复，来粤的港澳客轮靠泊在沿江西路海关验货码头。1980年1月1日，广州洲头咀客运站启用，广州与港澳间的客运水上航线正式营运，洲头咀码头成为广州连接香港和澳门的重要纽带。那时，“星湖轮”和“天湖轮”客船航行至香港，“东山轮”和“香山轮”客船航行至澳门。原移民管理警察刘宝书回忆说：“节假日为客流高峰期，日均能达1000多人，都是往来探亲的，热闹得很。”

随着公路、铁路的发展，20世纪90年代中后期，洲头咀客运航线停航。住在广州市区的市民要乘船前往港澳，需到番禺莲花山码头或南沙客运港码头登船。

港澳客运码头选址琶洲，是为了能给广交会参展商带来更多便利。以往每年广交会，外商往往会搭乘飞机到香港国际机场，再通过陆路到广州。琶洲港澳客运码头开通后，客人在香港下机后可以直接坐船来琶洲，甚至行李都可以到了琶洲再拿。从内河航运到“海天联运”，琶洲港澳客运码头不仅填补了中心城区水上跨境口岸的空白，还实现了粤港澳大湾区立体交通的无缝衔接。

珠江潮声依旧，码头激荡着千年时代风云，承载着岭南水乡记忆，见证着广州的过去与未来。

∧ 琶洲港澳客运码头（苏俊杰摄）

# 第八章 势若长虹珠江桥

文—苏赞 张忠安 全杰 卢梦谦

势若长虹珠江桥，求精图变座座新。

一桥飞架南北，天堑变通途。从 1933 年海珠桥面世、广州人拥有第一座跨江大桥起，至今不到百年。这不到百年的时间，随着城市发展的脚步，广州修建了 36 条过江通道，从西到东、从北到南，连接两岸，推动着广州城突破云水边界。

与此同时，桥梁在力与美的呼应中融入城市人文景观。每一座桥的设计均形态各异，作为一个时代、一座城市的美学注脚，记录着广州近百年间的沧桑变化。如今，人们在一座座跨江大桥上来来往往，仍时时可以在桥上感受到这座城市昂扬的精气神。

# 海珠桥飞架南北

第八章·第一节

“从前没有桥的时候，人就靠着篷船和电船往来两岸。如今有一座大桥把这两个不同的世界连接起来了。”1933 年，作家巴金来到广州，被海珠桥之壮阔所惊艳，每天来往于海珠桥两三次，写下《海珠桥》一文。

广州人与跨江大桥的缘分，始于海珠桥。2024 年 2 月 15 日，这座被广州人无比珍视的桥迎来了 91 岁生日。这座桥的历史与当下的照片、视频在广州人朋友圈中“刷屏”，触发了广州这座城市的集体记忆。广州人对这座桥有着特别深厚的感情。海珠桥第一次将千年天堑变成通途，对广州人而言，它早已超越了一座桥梁的定义。

假如时光倒流，回到 20 世纪初，当时的广州可谓百业兴旺，珠江以北的区域满足不了这座城市的雄心。当时的珠江以南虽也有一些制茶厂、瓷器加工厂，但总体依然是大片农田和果园，一江之隔犹如两个世界。彼时，市民要过江，得从码头乘船，或给疍民“一个仙”（一分钱）乘舟过江。

1929 年 12 月，珠江上的第一座跨江大桥正式开始动工，其中，桥身安装的钢材达 1700 吨，全是西门子马丁钢，均从外国造好拿到广州装配。更为精妙之处在于大桥有三跨，南北两跨对称分布，中间一跨可以被电机拉起，以方便航船通过。

1933 年 2 月 15 日，广州第一座跨江大桥，也是当时中国唯一一座可以开合的钢铁大桥正式亮相，桥长 180 米，宽 18 米。此桥因珠江江心曾有海珠石而得名海珠桥。海珠桥开通的那一天，逾十万人前往观礼。

海珠桥的开通，给城市带来了巨大的变化。就像巴金写的：

“有一座大桥把这两个不同的世界连接起来了。”而老一辈广州人对此感触更深。那时，海珠桥两侧没有人行道，自行车、人力车、汽车全部走在同一条路上，不时有汽车呼啸而过，“铁桥飞架，‘河南’‘河北’都是广州人”这句话更是流行一时。那时，海珠桥就是广州的地标。

1938 年，海珠桥遭日军轰炸，器械受损，从此无法开合；1949 年，更是被国民党军队炸毁。

海珠桥曾代表国内建桥的最高水平，然而破坏易，重建难，即便是国外专家，也认为倘若没有巨额预算，海珠桥不可能重建。然而，1950 年，湖南衡阳铁路管理局广州分局担下了修复海珠桥的重任。重建缺钢材，桥梁队技术员梁志章前往香港采购，发现一栋七层高的钢结构大楼正在拆除，即以私人名义将钢材买下运回广州；没有重型机械，从事钢梁加工的 500 多工人在海珠桥北头广场，使用手钻、电钻、风钻冲孔，在工地上开展热火朝天的劳动竞赛，高峰时整个工地达 1100 多人。工人们每天加班到午夜，仅用 6 个月就复建了海珠桥，珠江两岸再次相连。

^ 白天的海珠桥（苏俊杰摄）

^ 晚上的海珠桥（苏俊杰摄）

# 人民桥连接工业大道

第八章·第二节

曾经，海珠桥在珠江上一枝独秀。很快地，这座城市的工业向南迁移，珠江以南中小型工业企业林立，但职工多住在珠江以北，每逢上下班高峰期，途经海珠桥的巨大人流被外媒称为“世界第九大奇观”。在这一“奇观”背后，这座城市的发展对跨江大桥的承载能力提出了新的需求。1952 年，海珠区郊区被作为广州市重要的工业基地开始建设，因此有了如今的工业大道。彼时，广州重型机器厂等多家工厂、企业落户于此。住在西关，上班在工业大道，成了当时广州人日常生活的动线，修建“第二海珠桥”的计划应运而生。

20 世纪 60 年代，建桥依旧是一项高难度工程。不过，这一次，广州人选择了自主设计和建造。设计人员设计了一个符合广州实际的方案。针对如何吊装重达 110 吨的 40 米大梁的问题，设计人员创新提出了搭“积木”的办法——设计人字拔杆，以此吊装大梁。

人字拔杆可利用木材进行接驳拼装，既经济又方便。更重要的是，当时的吊船最多只能吊起重 100 吨的大梁、人字拔杆有效解决了限重问题。后来，这一思路顺利通过国家城建部门审定。1965 年 11 月 4 日，经国家批准，人民桥正式动工。大桥选址白鹅潭附近，北起六二三路，与康王南路相连，南至洪德路，连接工业大道。不过，此时人民桥的建设只是迈过了第一道坎。据记载，吊装大桥 40 米大梁的人字拔杆所用的材料需进口，而采购时外商突然抬价。眼看建桥工程要被卡住，广州工人群众群策群力，用土办法造出了两套符合标准的人字拔杆，仅用一年半就完成了建设任务。

1967 年 5 月 1 日，人民桥竣工通车。之后，每天都有无数自行车自“河北”驶过人民桥，驶向“河南”的工业区、港口、码头，“河南”的货车也满载着工业品通过人民桥，去往“河北”。人民桥直接与工业大道相连，为助力广州工业的持续发展做出了重要贡献，而海珠桥的交通压力也得到缓解。

到了二十世纪七八十年代，大到万宝牌电冰箱、五羊牌自行车，小到灶台边的双桥牌味精、收音机里的 555 牌电池、抽屉角落里的双鱼牌乒乓球，全来自工业大道。这里还创造了广州第一艘万吨巨轮、中国第一台离心机、世界上第一件钛制潜水服等多个“第一”，在中国工业史上写下了辉煌一页。

连接，是一座桥梁的使命。颇有意思的是：向南，这座广州人心目中的“新桥”连接的是辉煌的工业发展；向北，连接的是沙面、西堤——广州最具欧陆风情的繁华之地，以及当时以南方大厦为标志的城市商业中心。一南一北，人民桥将这座城市的记忆连成一线。

^ 华灯璀璨的人民桥（莫伟浓摄）

# 海印桥兼具功能与艺术

第八章·第三节

海印桥的设计者提出“倒‘Y’字形”思路，以呈现珠江帆影的效果。其建成后是国内第一座、亚洲最大的双塔单索面斜拉桥，被誉为国内首座融交通工程功能与旅游设施为一体的桥梁建筑。

随着城市发展，广州城不断向南拓展、向东进发。一座城市对美的认知，也悄然镌刻在一个时代的建筑上。20 世纪 80 年代，广州城市向东发展迅速，从近代城市中轴线往东到今东湖一带越来越兴旺。不过，这份“东进”的繁华依然青睐珠江北岸。那时候，虽然广州大桥已于 1985 年建成，但在海珠桥和广州大桥之间，珠江两岸还需要一座跨江大桥来连接。同时，广州人对跨江大桥的造型有了更大的创想——以桥之姿态留下珠江帆影。出生于广州、彼时已扎根上海的桥梁隧道设计专家黎宝松便是实现这一设想的主导者。

那时，人们把计划中新建的桥梁称为“广州四桥”（后命名为海印桥），桥的结构也确定选用斜拉桥结构。这看似简单，但其实现难度超乎想象。大家对斜拉桥的稳定性没有把握，国内也没有太多的参考案例，该找谁来担此重任？广州找到了黎宝松。黎宝松祖籍广东新会，出生于广州，当时在华东市政工程设计院（现上海市政工程设计研究院）工作，1986 年曾被委以重任，负责设计当时国内鲜见的大跨径斜拉桥——上海南浦大桥。收到来自广州的诚挚邀请后，有着广州情结的黎宝松说服了有关部门，带着 20 多人的设计队伍来到广州，负责“广州四桥”的设计。他提出了“倒‘Y’字形”思路，以呈现珠江帆影的效果。

要把美学设计转化成现实，背后是无数次风险评估和精密计算。工程足足历时 3 年，1988 年 12 月，“广州四桥”建成通车。这座 35 米宽的桥是国内第一座宽桥面的单索面预应力混凝土斜拉桥，因桥的北端旧时曾有“羊城三石”之一——海印石，而得名“海印桥”。大桥的两个塔杆如帆桅，整座桥如珠江上的巨型帆船，正待扬帆起航，既有珠江之韵，名字亦承海印之古。广州人将美学融入跨江大桥的设计中，讲述着城市对珠水独有的情感，黎宝松也将自己对广州的感情悉数倾入其中。那时，悬臂施工斜拉桥，最关键，也是最容易出事的环节是中孔合龙。黎宝松亲自在现场计算、督导，两悬臂合龙精确，误差仅 1 厘米，大桥成功对接，两端高差仅 12 毫米。

海印桥见证了广州经济腾飞之景，也极大地促进了珠江两岸的繁荣。1991 年开业的海印电器总汇是广州第一家大型电器专业市场，一直被称作广州人的淘宝天堂，远近驰名。不少广州人的第一台电脑、第一部手机都是在这里买的。附近的大沙头游船码头则是广州最大的珠江夜游码头，也是不少外地客人认识广州的第一站。

海印桥开通之初，人们热议最多的是桥上首次出现的广告。不过给更多人留下深刻印象的，还是大桥的美妙姿态：双塔如羊角和扇子般的拉索结构，在珠水上衍生出极富动感的张力，既像双桅船，又像两把巨大的竖琴立于珠江之上，与位于海印桥东侧、二沙岛之上的星海音乐厅交相呼应，仿佛在奏响属于广州人的乐章。

自此，广州的跨江大桥不再只是市政设施，也成了城市艺术与审美的代表，给人以美的享受。这些年，海印桥也频繁出现在摄影发烧友的镜头中。

^ 航拍海印桥（王维宣摄）

# 猎德大桥传递文化渊源

第八章·第四节

随着城市发展，广州城市中心逐渐东移，广州新中轴线已经形成，北起燕岭公园，贯穿天河体育中心、珠江新城、广州塔，南至珠江后航道。

串联起这条新中轴线的，正是猎德大桥。它犹如江上飞虹，贯通南北。猎德大桥建成之初，桥塔如巨型贝壳屹立于珠江上，象征“海上明珠”的母体，传递着广州城与其母亲河珠江源远流长的文化渊源，更寓意着广州人生生不息的开拓精神。

2002年，猎德大桥正式立项。作为城市新中轴线的一部分，猎德大桥在立项之初便追求功能与美学的融合，设计招标时已有“独塔双索面自锚式悬索桥”的思路，流动的线条刷新了人们的想象。

猎德大桥得名于毗邻珠江的猎德村。大桥的艺术感则源于大量曲线元素设计，贝壳形的塔和弧形的悬索相结合，中央130多米高的桥塔寓意“珠江之贝”，像肩膀一样“扛”起两条长长的钢缆索，缆索两端分别“锚”在大桥两侧，从缆索上分别垂直坠下若干条钢索以“拽”住桥面。这样，整个桥面的压力就能从钢索传递到缆索，再从缆索传递到桥塔和大桥两侧的锚点上。猎德大桥与珠江新城等建筑在外形设计上大量借鉴江海元素，通过流动曲线或曲面构成动感空间，共同体现“江海运动”的主题。

越美丽的工程背后越是重重难关，而难关背后是一群勇敢的闯关人。刘爱荣是将猎德大桥的安全体系构建与现代造型艺术完美融合在一起的关键一员。她2001年博士毕业后进入广州大学土木工程学院工作，猎德大桥的设计复核验算是她来到广州大学后接手的重要任务之一。新奇的贝壳状桥塔意味着复杂的构造特征，刘爱荣平日看一眼图纸就能大概了解桥梁构造特征，但这次精确建立桥梁计算模型花了她不少时间。此后，面对“怎么制作安装”“吊杆先拉哪个”“拉多少力”“加载方案如何制定”等问题，她白天在实验室进行试验，利用模型进行安装调试，晚上进行桥梁结构计算分析，经常通宵达旦地工作。

猎德大桥于 2008 年建成，2009 年正式通车。当时，猎德大桥在“独塔双索面自锚式悬索桥”同类桥梁中位居世界第二、国内第一。

2023 年 4 月，结束访华行程的法国总统马克龙在社交媒体平台上发布了一段广州猎德大桥的灯光秀视频，让世界欣赏到广州的美景。“珠江之贝”灯光璀璨，立于猎德大桥上，珠江新城的美景一一呈现，广州塔、广州大桥、东塔、西塔、广交会展馆等地标建筑也一览无遗。

如今，摊开广州地图，可以发现猎德大桥连接的都是重要干道，北引桥连接猎德大道，此处与猎德大道相交的有花城大道和临江大道；南引桥连接石榴岗路，往南与江海大道和新光快速路相接。

2009 年通车后，猎德大桥成为广州又一重要跨江桥梁，市民从天河去海珠、番禺，可以通过猎德大桥与新光大桥一路直达。

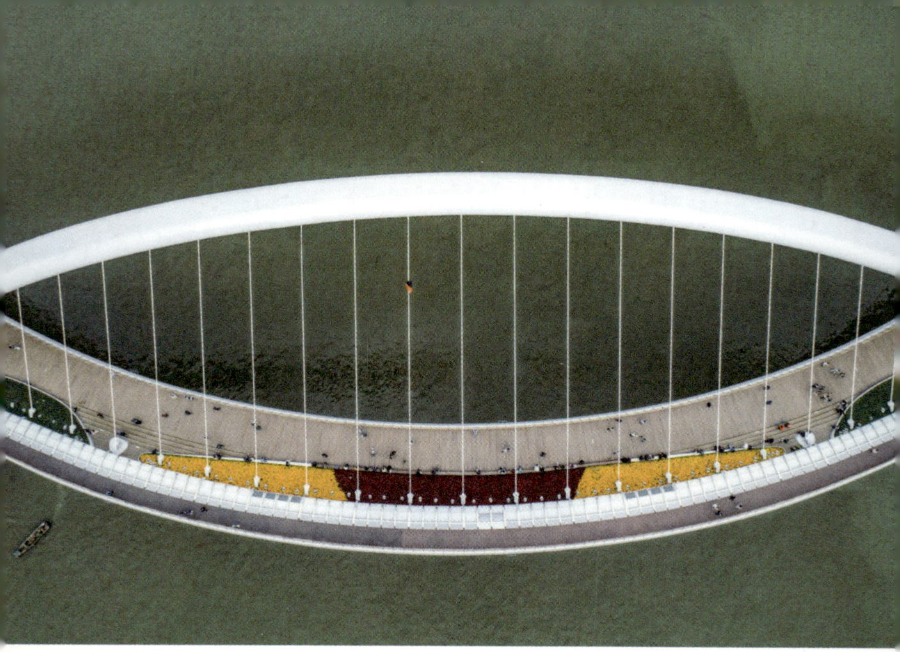

^ 充满曲线美的海心桥（苏俊杰摄）

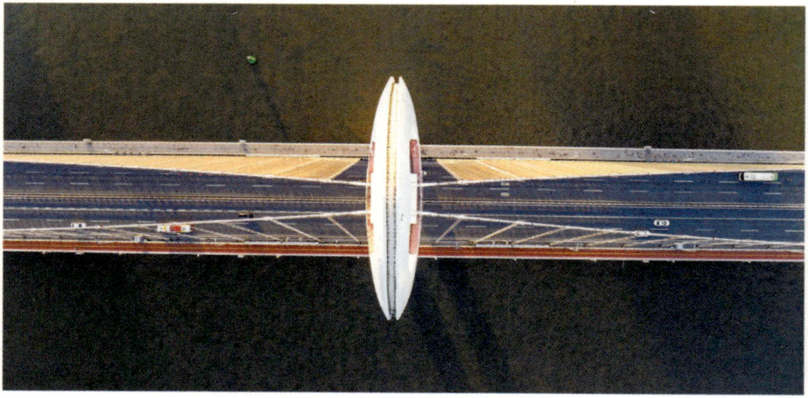

^ 猎德大桥被称为“珠江之贝”（陈忧子摄）

# 海心桥连通城市会客厅

第八章·第五节

在一座座跨江大桥中，海珠桥是典型的钢架桥；江湾大桥、解放大桥、人民桥是梁桥；海印桥是斜拉桥；猎德大桥是悬索桥。不同的结构和姿态，不断刷新这座城市对桥之美的想象。在海珠桥建成的 80 多年后，广州人在海心沙和广州塔之间，用充满创造力的方式重新定义桥梁，在珠江上建设了世界上跨度最大、宽度最宽的曲梁斜拱人行桥。广州市民为它投票择名“海心桥”，寓意珠江之心。这座桥也成了广州城市会客厅的一部分。海心桥往北是二沙岛、海心沙及花城广场，往南就是广州文化旅游的标志建筑——广州塔。

古琴弦动舞粤曲，珠水荡漾映岭南。中国工程院院士、华南理工大学建筑设计研究院首席总建筑师何镜堂说，这座人行桥的设计主线以“琴鸣绢舞、岭南花舟”为理念——桥面提取粤曲水袖的形态特征，再现粤曲神韵；桥拱融入岭南古琴的造型元素，桥上的拉索就好像古琴上的琴弦；桥面景观以“岭南花舟”为主题，花开满桥。同时，结合“人行”这一独特功能，海心桥还以曲线形态融入两岸现有步行系统，游客在桥面行走时步移景异，如在画中行走；桥拱如眼，形成了朝向珠江核心景区的最佳环视观景面，而人行桥轻盈通透的姿态也在江上形成了一道最美的曲线。

设计的超前使得建筑技术难度大大增加。华南理工大学建筑设计研究院副总建筑师丘建发是一名地道的“广州仔”，也是海心桥的设计负责人、主创设计师。他曾回忆道：“这是一座全三维曲面造型的艺术之桥。桥上除了拉索之外，主要线条几乎没有一处是直线，这在特大桥梁中是非常罕有的。”彼时，设计团队投入了极大精力，在工艺上精益求精，共同打造这件珠江上最具公共性与参与性的宏大艺术杰作。丘建发曾透露：“设计团队制作了 200 多个模型，进行了 200 多次计算，最后整个团队的数据模型数量接近千个。”最终，团队在短时间内完成了诸多难点的攻关任务，在技术上保障了建设进度。

强大的技术实力让海心桥的设计方案成功落地。从开工到 2021 年建成，每一个建设者都全身心投入这座城市新地标的建设中。中铁广州工程局项目副经理刘丽生算是广州的建筑“老手”。当时，他从南沙港铁路龙穴南水道特大桥项目转而参与人行桥建设，吃住都安排在了现场，却觉得“再辛苦都值得”。

更多的广州人也在用行动表达对海心桥的喜爱。桥上桥下，人流涌动。海心桥以一条弧线串联起沿线的重要设施、景点，描绘出一幅“珠江上河图”，可谓“你在桥上看风景，看风景的人在桥下看你”。

海心桥还有更多人性化的细节设计。桥面分为东西两幅，东侧为主要的休闲观景区，桥面设置观景平台、休闲坐阶，构建可容纳多种活动的复合场所；西侧为快速通行区，沿步道设置有连续的遮阳雨篷，可实现全天候风雨无阻地通行；桥面还采用了无障碍坡道、地面防滑处理、倒圆角防撞设计等措施。

海心桥与桥旁的广州塔交相呼应，共展岭南风华。

^ 海心桥璀璨夜景（苏俊杰摄）

老城市
新活力

# 『桥』见时代精气神

第八章·第六节

据广州市交通运输局数据，截至2023年，包含跨江大桥、过江隧道和人行桥在内，广州珠江沿岸已建成36条跨江通道。在珠江前航道，每隔数百或上千米就能遇到一座桥，跨江交通由“线”及“面”，编织出珠江两岸的自然和人文图景。岁月如珠水流淌，桥如时间刻度，一座桥浓缩了一代人和一个时代的记忆，传承着一座城市的文化脉络，让这座城市的百年发展在珠江上也有清晰印记。这时，桥不仅是桥，更是身边活的城市发展博物馆，见证着这座城市的辉煌发展。

海珠桥历经多次修缮，依旧保留着原始的钢结构，人行道上的一座座地面雕塑以及桥上六座立式雕塑记录了海珠桥自建成以来的重大历史事件，彰显20世纪的独特美感。人民桥在历史文化环境艺术提升工程完成后，与桥北端沙面的欧陆风情相融合，四座欧式桥头堡成为绝佳的观景平台，历史浮雕若隐若现，两座垂直电梯更方便了行人。高高挺立在桥畔的木棉树，又为厚重的历史平添了几分活力。

20世纪90年代，广州迎来跨江大桥建设高峰。一座座跨江大桥以独特的现代工程美学，突破着人们的想象力。旨在缓解海珠桥交通压力的解放大桥于1998年建成，以三组彩虹般跨过桥面的钢拱钢管造型，在广州人关于桥的记忆中占了一席之地。作为广州国际会议展览中心配套工程的琶洲大桥于2003年8月29日正式通车。它是广交会会址东移的见证者，在桥梁技术方面有所创新。该桥当时是世界上最大的跨径V撑梁式大桥之一，也是国内同类桥梁中第一座特大跨径V撑梁式桥。

在漫长岁月中，一座座跨江大桥与珠江融成一体。2009

年，珠江两岸（白鹅潭至琶洲大桥段）进行了景观照明的统一规划和建设，此后又不断提升。每当华灯初上，从人民桥到琶洲大桥，珠江已经形成一条灯光廊道，成为广州夜晚最美的景观。每一座桥上，都流连着沉醉于灯光的人们；桥下，每当有游船经过，总有人喊："桥上的朋友你们好！"

颇有意思的是，除了交通、历史和美学，广州的跨江大桥对一部分广州人而言，还有特别的意味。至今，在一些社群中，"跑九桥""刷九桥"仍是时髦话题。原来，过去的广州马拉松爱好者都是沿着江边跑，从人民桥到琶洲大桥，途经九座桥，单程 15 公里，不少跑者便形成了日常通过此线路模拟半程马拉松或全程马拉松的习惯。张先生从小生活在江边，看着一座座跨江大桥的建成，看着江上的灯光一年比一年璀璨，有与大桥一起成长的特别感觉。张先生上大学后开始跑步，也是"跑九桥"的爱好者，"最喜欢的就是和珠江游船拼速度，而这一路下来，其实也就是欣赏'九桥'美景。现在，'九桥'又变成了'十桥'，也就是多了海心桥。"他说："'九桥'是广州人的骄傲，每一次接待外地朋友或跑友，我都会沿途给他们介绍每一座桥，有点如数家珍的感觉，我以此为荣。"

^ 洛溪大桥（陈忧子摄）

# 第九章 赛龙夺锦和睦四邻

文—倪明

众人奋力潜龙出水，力争上游和睦四邻。

广州水网密布，百余条河涌串起各大村落，广府人生于水边，长于江岸。龙舟竞渡至少有上千年的历史，是岭南地区最具传统特色、最具大众参与性、最具传承发展性的大众文化之一。每当一年一度的龙船盛景到来，波光粼粼的江河里，水乡儿女万众一心，赛龙夺锦，既寄托国泰民安、风调雨顺的美好愿景，又是一代代广州人团结奋进、拼搏争先的精神写照。

# 龙舟文化，源于水崇拜

第九章·第一节

## 龙舟竞渡记载最早见于唐代

每年端午前夕，广州多个村落会举行“起龙”仪式，潜龙纷纷出水，伴随着粗犷而整齐的号子，健儿挥桨如飞，龙船跟着鼓点在水上“飞”过，这些无不在宣告：广州已进入“龙舟时间”。彩旗迎风飘扬，龙舟锣鼓声响，这背后是传承已久的龙舟文化。“龙舟文化，起源于岭南先民的水崇拜。每年的‘龙舟景’是广州人对水的感恩、对来年幸福生活的美好祝愿。”广东省文化学会原副会长曾应枫说。

古往今来，对“扒龙舟”（“扒”即粤语“划动”）的由来有多种说法，目前无确凿文字可考。根据闻一多先生的考证，龙舟竞渡最早是吴越地区古越人的龙图腾祭祀活动。古越人伴水而居，崇龙敬龙，还将舟船制成龙形，以竞渡形式逐疫祈福、禳灾迎祥，随之，“扒龙舟”的风俗逐渐形成，后来又与纪念爱国诗人屈原的习俗相融合。在广州，两千多年来各种传说、典籍和民间活动相互联系起来，不断丰富和发展着本地“扒龙舟”的风俗。

南越文王墓曾出土一件文物——船纹铜提筒，提筒腰部刻有船纹图案。图中有一艘华丽的船，头尾高翘，船上有羽人舞蹈、桨手划桨，与现代“扒龙舟”活动相类似。

关于岭南龙舟竞渡最早的文献记载出自明代李贞的《鼓镇龙潭峡观竞渡》：“峡山晴带霞，峡水倒流花。方渚停千舫，寒潭浸几家。飞舟海客度，急鼓醉人挝。何处来神女，凌波出水涯。”诗中描写了李贞在东莞峡山观竞渡的情形。

五代十国时期，南汉广州城内的西湖就有端午龙舟竞渡的活动。南汉后主刘鋹当年在广州城西疏浚“玉液池”，每年五月初五，宫人竞渡其中。

海珠区小洲村古称瀛洲，传说此地的龙船扒手们有一绝活——起桡花。“扒龙舟”时，扒手将桡深深插入水中，突然发力将桡的尾部向后一挑，桡边的水随即向上弹跳而起，水花化成颗颗水珠四散落下，散落在整条龙船上，如烟如雾，煞是好看。加上小洲龙船速度极快，整条龙船就像驾着云雾飞驰，让观众不由得欢呼喝彩。相传，南汉国主刘龑外出游玩时正好目睹这一绝技，忍不住连声叫好，大笔一挥，为小洲龙船写下“瀛洲飞龙”的封号。

南宋时期，广州的端午赛龙舟活动更加精彩。广东首位探花李昴英的《水龙吟·观竞渡》中有“一声雷鼓，半空雪浪，双龙惊起”之句，生动描绘了龙舟竞渡的盛况。

到了明清时期，民间的端午节赛龙舟活动已很普遍。岭南文人这样描写当时龙舟竞渡的盛况：“粤人习海，竞渡角胜，而大舟比常制犹异，十余年始一举。船广可三丈，长五丈。龙首至尾，金光夺目，迭彩如层楼……”透过这些文字去想象当时“扒龙舟”的画面，的确十分精彩。

∧ “扒龙舟”是一年之中最热闹的活动之一（杨耀烨摄）

# 起龙采青，龙马精神

第九章·第二节

广州的龙舟活动主要有几个步骤：起龙、采青、招景、趁景、赛龙、藏龙和散龙，环环都有民俗上的讲究。每个仪式举行当天，很多村都有聚在一起吃“龙舟饭”的习俗，加上外出趁景和招景，吃“龙船饭”的风俗会持续一整个月。

如果说浪遏飞舟、百舸争流是端午龙舟活动的高潮，那么起龙仪式就是系列龙舟习俗的开端。每年农历四月初八，人们将去年端午节后沉入涌底的龙船起出，俗谚谓“四月八，龙船透底挖”。

## 泮塘四百余岁老龙“出圈”

2023 年 5 月 26 日（农历四月初八）上午 9 时，荔湾泮塘，龙船鼓咚咚响，彩旗迎风飘扬，村民们抬着旗帜、烧猪、祭品、龙船鼓等，从梁家祠出发，浩浩荡荡走向荔湾湖内的“龙船窦”。阿嫂们点燃香烛，十位长者祭拜祈福，寓意“十全十美”，随后将斋菜散入水中献祭。

传统祭拜仪式后，40 多名壮汉跳入湖中，先将积压在龙船舱内的泥沙掏出，随后合力摇松龙船底的泥浆，抽起龙船身，再将里面的积水舀出，龙船随之慢慢浮出水面。岸上市民游客欢呼助力，4 艘龙船在众人合力之下顺利“出水”。泮塘五约的权叔说，400 余岁的仁威老龙（“老龙”系有一定历史的龙舟的俗称）虽历经修补，但船身仍保留了 400 多年前就有的部件，实在是难能可贵。

为何龙船能保存数百年？原来，传统龙船多数用坤甸木制成，材质硬重、强韧耐腐、抗蛀力强，且不怕潮湿，浸于水中会越发坚韧。坤甸木忌风吹日晒，湿泥能隔绝空气，便于保存龙船。所以，“扒龙舟”结束后，村民必须将龙船深埋于河沙之下。

龙船“起来”后，先要清淤泥，检查船身是否有爆裂或变形，然后再“紧龙筋”（用一块薄木板撑在船头与船尾之间），接下来是上油。此时它还不能被真正称为“龙船”，因为龙头、龙尾还存放在祠堂里。要通过“请龙”仪式，龙头、龙尾才能真正和“龙身”会合。

## 猎德“花龙”大有讲究

按传统习俗，农历四月初八是“起龙”日。2023年，大家都非常期待和龙船见面，所以猎德村在农历二月初二就“起龙”了，比往年整整提前了两个月。村民李先生说，由于龙船长期藏在水下，可能需要修整、打磨、上色，因此，今年提前“起龙”，为端午“扒龙舟”做充分准备。“大家都很兴奋，洗龙船也洗得特别卖力，三年没扒，个个手痒痒，准备在端午节大展身手。”

“起龙”后，村民首先将龙船清洗干净、晾干，并将原有的底色图案尽数擦去。做好准备工作后再涂上底色，完全覆盖原有底色和图案，每涂完一次，要待干透后才能进行下一次涂色，基本上要涂三次才算“合格”。底色干透后，才开始画“花”。李先生说，猎德龙船以“红龙”“花龙”“五色龙”为主。过去，猎德村分三个片区，在各村确定自己的龙船之初，要先到各自供奉的庙宇拜祭，才能确定龙船船身的颜色。目前，红龙供奉在天后宫，五色龙供奉在华光庙，花龙供奉在龙母庙。在广州，“花龙”一般只有猎德和文冲才有，其底色和花纹因各村而异，猎德村的“花龙”为红底。

龙船上的图案也大有讲究。李先生说，龙船的船头船尾画有白马，寓意“龙马精神”，船身画的是八仙过海的仙家之物，此外还画了猎德种植的岭南佳果，如荔枝、石榴、马蹄、莲藕等。可见，龙船不仅沉淀着猎德村民的乡愁，还展现了人们对美好生活的期许。

如今，龙舟竞渡已成为联结海内外乡亲的纽带。2018 年，猎德龙舟竞渡曾吸引近十万人前来观看。其间，不少海内外猎德人回到古村，登船竞渡，再在祠堂里吃上一顿“龙船饭”。“猎德人热爱龙舟运动，这背后是一种龙舟精神：一群人就像一个人，做到‘一条船、一颗心、一个方向’，同舟共济。”猎德村的陈女士说。

龙船沉睡了一年，要办一个仪式让它“神清气爽”，所以第二个仪式是“采青”。这个仪式往往在农历四月廿八前后进行，择吉日采一把青苗进行拜祭仪式。“采青”仪式前，村民还要采摘新鲜的龙眼叶（代表生猛旺盛）、柏枝（代表长青）等枝叶作祭祀品，然后将红布扎成的绣球挂在龙头上，讨个好彩头。“采青”仪式结束后，村民就可以正式“扒龙舟”了。

^ 龙船窦内起龙船（高鹤涛摄）

# 招景趁景，和睦四乡

第九章·第三节

## 拜访红帖贴满墙

端午节不仅是一个氏族、一座村落的节日，还是“大家”的节日。而划龙舟，不仅是一个传统节庆活动，还是一场团结宗族、敦亲睦邻、祈求丰收的盛大仪式。对村民来说，比过年还热闹。

家住泮塘五约的暨伯说，每年农历五月初五，佛山南海盐步老龙都会到荔湾探望“契仔”，荔湾茶滘、坑口、南澳、坦尾等村龙船也会来“走兄弟”。农历五月初六，泮塘龙舟会到盐步探望“契爷”，到荔湾区坑口、茶滘、葵蓬等地方“省亲”。

每年农历五月初一到十八，各地村落或本村祠堂根据当年的潮汐，确定好“龙船景”（龙舟互访、亲友交流联谊的活动）的时间，由村中父老向兄弟村落发“龙船帖”，邀请他们划龙舟过来探亲，此举便是“招景”。“招景”是体现一个村经济能力和“朋友圈”的特殊仪式。有人缘的村落，应景者众，红色的龙船邀请柬、龙船拜访帖能贴满一墙。

若兄弟村、老表村接到邀请后欣然接受，就是“应景”；派出龙船前往探访则被称作“趁景”。这时河涌两岸锣鼓喧天，男女老少沿江沿河观看龙舟表演。

趁景是表演的时刻，也是众龙船手狂欢的时刻。数十上百条龙船从四方驶来。装饰一新的龙船，此时竞的是“靓”，小至龙船上的标旗、罗伞装饰，大至龙船头、旗手的姿势、鼓手的身材、桡手的技艺，都是被观众欣赏、评比的方面。在“趁景”

游龙时，龙船上的人都要尽力表演各种技巧。如鼓手会敲出不同的花式鼓点，炮手将鞭炮放在用铁丝编织的兜架中，不停地燃放鞭炮，“烧”得烟雾弥漫，响得震耳欲聋。

## 吃完龙船丁，添子添丁多福气

屈大均在《广东新语》中有这样的描述：“岁五六月间斗龙船”“(龙船)斗得全胜还埠，则广召亲朋燕(通‘宴’)饮”。这种宴饮，珠三角人称为“食‘龙船饭’”。有些村一次“招景”龙舟多达六七十条。2019 年农历五月初三，从四乡前来车陂“趁景”的龙船多达 200 多条，摆设了数百围宴席的“龙船饭”，热闹程度不亚于过年。“趁景”后的“龙船饭”是重头戏，白切鸡、烧鹅、鸿运烧肉、发菜伴蚝豉等各色菜式令人垂涎。其中，最少不了的是一道简单小炒——龙船丁。龙船丁是用豆角粒、辣椒圈、咸萝卜、花生粒四样材料炒制，可以帮助刚从河水中出来的龙船队员们祛湿。吃饭时，老人们也会念出好意头：“吃完龙船丁，添子添丁多福气。”

## 招景趁景礼数周全

乡间流传着一句话："平常是冤家，龙船节吃个饼笑哈哈。"意思是，平时有摩擦的乡村，在端午节期间，只要来了龙船探亲，都要招呼过来吃个龙船饼，让往日结怨随江风而去。

热闹背后，藏着种种礼数。曾应枫介绍，龙船相互行礼的方式称为"擂锣"：龙船在江河上相遇，双方的锣鼓手会密密地打击锣鼓，互相来往划个两三个来回才分道扬镳，以示友好。来"趁景"的龙船来到村口，也要擂锣打招呼。作为主家的村子，则必须在岸上安排一人擂锣回应。龙船"扒"过两个来回后，主人家会上船捂鼓，请客船的客人上岸饮茶吃饼，但龙船要"扒"第三个来回才能上岸。客船离开，同样要"扒"上三个来回，主船要送客船到涌口。

^ 龙船饭（陈忧子摄）

# 赛龙夺锦，斗亮斗威

第九章·第四节

## 村民苦练显身手

赛龙，是龙船节里最激动人心的时刻。龙舟竞赛，是意志的角逐，是毅力的较量，也是团结合力的大比赛。

端午节前，广州各龙舟文化深厚的村落里，村民都在积极训练，立志要在龙舟竞渡及“招景”“应景”的时刻大显身手。

骄阳似火，在珠江上训练的猎德龙舟队队员们挥汗如雨，他们每天都要训练两小时。时间已超过晚上十点，乌涌两岸围观的人群渐渐散去，黄埔街的龙舟停泊在岸边，队员们已然力竭，四周安静得能听到喘息声。张先生从船尾跳下来，高兴地在朋友圈发出“打卡下班”的动态。23 岁的张先生是龙舟队里最年轻的队员。节前的一个月里，除非遇到特殊天气，张先生几乎每晚吃过晚饭后稍做休息，就来到乌涌的龙舟训练地点准时“打卡”训练。

划龙舟训练十分艰苦，只要看看桡手那双布满血泡的手，就会明白个中艰辛，但为了“夺标”，这完全值得。

## 盐步泮塘“父子龙”结契

待到龙舟比赛那天，号令一响，一艘艘龙船就会像一支支离弦之箭般向着江心射去，“嗨嗬！嗨嗬！嗨嗬……嗬！！！”锣鼓声、呐喊声、鞭炮声震天动地。一开始是群龙并进，争先恐后，桡手们手起桨落，前俯后仰，龙船逐渐加速，好似腾离水面，如蛟龙腾飞水上，向着竖起的锦缎标旗冲去。两岸人山人海，呐喊助威。群龙竞速，抵达终点附近，抢标手便着力抢夺象征胜利的标志物，如“福字”“烧猪”等，所以龙舟赛也叫作“抢标”。

“扒龙船”争到第一是最让参与者自豪和开心的事。斗船时，有人会专门放一块老姜在龙船上，每当别人问起，村民总会大声答道：“广东话说‘够姜’，就是够辣、够威、够强的意思呗！”村中的龙舟赢了，不仅吉利，而且证明当地人很“威”、够“辣”，很有能力，能给村民带来一种共识：只要大家齐心，赛龙舟就可以夺锦。清末民初的番禺沙湾人何博众、何柳堂等有感于当时当地“扒龙船”的盛况，创作了富有岭南特色的广东音乐《赛龙夺锦》。该曲流传至今，成为广东音乐的经典之作。

赛龙也是友谊的桥梁。佛山市南海区近六百岁的盐步老龙，在明朝万历年间的龙舟赛中与广州荔湾泮塘五约龙船结缘。相传盐步龙舟与“后生仔”泮塘小龙同场竞技，就在盐步龙舟即将夺标之际，泮塘龙舟上的一个小伙子忽然飞身抢先夺得锦旗。按规则，夺得锦旗者为胜方，于是泮塘小龙以冠军的名义领取了烧猪、美酒等奖品。但是泮塘村里的老人们认为盐步龙舟划得更快，应将奖品送回盐步。盐步人执意不收，最后，泮塘小龙便与盐步老龙结成“契仔”与“契爷”。南海盐步、荔湾泮塘两村友好结契400多年的故事，成为龙舟文化中最为人津津乐道的一段古（粤语“故事”）。

广州龙船不只在市内与兄弟村竞渡、邀请兄弟省份举行比赛，也邀请国际友人共赛。广州定期在珠江河面上举办国际龙舟邀请赛，来自世界各地的龙舟运动员、爱好者齐聚珠江，献上一场精彩的比拼和展示。

^ 端午龙舟竞渡（莫伟浓摄）

# 藏龙散龙，身潜村塘

第九章·第五节

端午节后，最晚到农历五月十八，各村陆续开始“藏龙”。龙船的龙头、龙尾和船身是分开保存的，船身一般藏在水里、埋进河道的泥下，龙头、龙尾则供奉在祠堂里。“藏龙”要先在河道里用沙包围成一个“龙船坳”，将龙船推进去，用沙包封住四周，在坳里面插几根竹子，再把龙船上的活塞拔开，让船身沉入水中，也有的用沙包压沉龙船，将其藏于水底。更讲究的，认为最好的“藏龙”地点是树下，且一定要是岸边多树的地方，这样落叶多，泥土中的养分也会更多，更有利于龙船的保养。

一年龙舟盛事的结束以“散龙”为标志。大家拜祭之后，将龙船标（即旗帜）送回祠堂存放，并聚在一起吃当年最后一顿“龙船饭”，等待下个端午的到来。

对如今的老广而言，龙舟文化更像是村落、宗族之间的凝聚力之依托。而一年一度的龙舟赛，一声声震撼人心的龙舟鼓，将飘散的乡情再次归拢。

“龙舟文化就是水的文化。它是人与自然、与水的和谐共处，这种力争上游、不断奋进的龙舟精神值得我们传承与弘扬。”曾应枫说。

在龙舟文化熏陶下长大的水乡儿女，龙舟情怀代代传承。杨先生上下三代人都是“扒仔”（粤语，指龙船的桨手）。“每逢端午，爸爸‘扒龙舟’，我们小朋友就追着龙舟跑。”杨先生印象最深的是 2017 年，他与儿子一起参加“沙溪景”传统龙舟比赛，最终夺冠。“当时儿子 14 岁，我们父子同舟共济，齐心夺锦，非常难忘。”李先生是土生土长的泮塘人，从小听着村里流传的民谚“四月八，龙船透底挖”长大，他说：“团结奋发、顽强拼搏的龙舟精神激励着我。”

^ 供奉在大祠堂的龙头（李波摄）

曾应枫说，广州地区龙船景有东江、西江之分，龙船形制也因此分为东江水系和西江水系，成为龙舟文化流传的不同形式。西江水系的龙船细长狭窄，龙头造型简洁，远看似“鸡公”，内行人称这种龙船为“鸡公头”；适合在东江水系划行的龙船，则被称为“大头龙”，俗称“大头狗”，其龙头造型比较宽阔。

龙船头造型千姿百态，根据各地风俗而定。有的威武雄壮，有的慈眉善目；有的双角，有的独角；有的有胡须，有的没有。龙头、龙尾大多用整块的樟木雕刻而成。龙头多染成红色，称“红龙”；也有涂黑色或灰色的，称“黑龙”或“灰龙”。有些地方的龙船还讲究龙头、龙尾的颜色搭配，一定要红头绿尾。番禺大岭村的龙舟“白桡”赫赫有名，除了桡是白色，龙舟的龙须也是白色的，因此被称为“白须公”。游龙龙头有龙角、龙须、龙珠等，装饰味较浓，而专用来比赛的赛龙，其龙头则根据实际减轻重量，显得小巧轻盈。龙头的胡须亦有讲究，如老龙应配长胡须，还有黑须、白须之分。而赛龙为了表现威猛，其龙须多做成如张飞般的短须，俗称“牙擦须”，寓意自信、张扬、争第一。

广州市有关部门从1953年起组织龙舟比赛或表演，参加活动的龙舟数量逐年增加，至1961年有60艘。每年端午节，龙舟比赛赛径多是从二沙头至海角红楼。那时，每逢龙舟赛，珠江上锣鼓喧天、浪花飞溅，两岸观众云集，万人轰动。1980年，赛龙舟被列入中国国家体育比赛项目。1994年，广州市人民政府正式把“广州端午节”定为“广州龙舟节”，广州龙舟竞渡赛升级更名为广州国际龙舟邀请赛，来自全国各地，乃至美国、澳大利亚、新加坡、加拿大等国家和地区的龙舟在珠江上荡舟参赛。2007年，广州扒龙舟作为赛龙舟的重要形式被列入广东省省级非物质文化遗产名录。2022年，广东省非物质文化遗产专家委员会推荐申报广州扒龙舟为第五批国家级非物质文化遗产。

# 第十章 江出八门天地宽

文—张忠安

海对羊城阔，江出八门宽。

珠江是中国南方最大的水系，流量在全国仅次于长江，主要由西江、北江、东江水系汇成。干流西江从云贵高原发源，在佛山三水与北江交汇，进而与东江一同汇入珠江三角洲水网。在广东，珠江分八个口门，浩浩荡荡注入南海，俗称“三江入粤，八门出海”，八门即虎门、蕉门、洪奇门、横门、磨刀门、鸡啼门、虎跳门、崖门。

珠江八门出海，见证了大自然的鬼斧神工，也孕育和滋养了珠三角独具特色的海洋文明以及开放包容、敢为人先的人文精神。正是凭着这种精神，千百年来，南粤大地创造了一个又一个奇迹。

# 珠江六门变八门

第十章·第一节

## 山丘间决口便是口门

中国大江大河众多，为何珠江有这么多入海口？其实，在遥远的古代，今珠三角一带曾是一个浅海湾，珠江也没有那么多入海口。根据地理学家考证，珠江八门的形成，始于距今约1.3万年的全新世，历经万年地质变迁和千百年人类塑造，直到二十世纪五六十年代才成为我们今天看到的八门。

研究表明，早在1.45亿～0.66亿年前的白垩纪，我国华南地区形成大量花岗岩古山系。在地壳运动中，横贯东南的古山系慢慢隆起。历经千万年风化剥蚀，古山系不断降低。尤其是到晚更新世时（距今约13万年），今珠三角所在区域开始下沉，原来的花岗岩成为珠三角平原的基底。

大约5000年前，由于全新世的大海侵，今珠三角一带地势较低的地方形成一个广阔的浅水湾，俗称“广州溺谷湾”，海岸线一直延伸到今广佛以北。珠江三角洲的大部分花岗岩基底沉入到海平面以下，残留下的一部分变成了今天珠三角平原及珠江口大大小小的岛屿、山丘、台地和丘陵。由此，与其他大江大河相比，珠江入海口独具特色。一般来说，大河三角洲多为平原，土地平坦、长河蜿蜒，长江、黄河、尼罗河等无不如此。珠江三角洲却是低山、丘陵罗列，台地纵横，其中著名的有广州白云山、中山五桂山、佛山西樵山等。此前，曾有不少学者质疑珠三角平原是否存在，地理学者曾昭璇等人考证后，发现这些山丘就是过去浅海湾中大大小小的基岩岛屿。当海侵退去，珠江水系携带的泥沙逐渐淤积扩展，连接成陆。河流遇到山丘或沙洲时，只能绕行或者分汊，从而形成不同的入海口。相邻山丘之间的决口被称为门或口门，比如虎门就是大虎山、小虎山之间的决口。口门两侧的山丘非常坚硬，就像牢固的门框，使原本善变的河道“老老实实”奔流到海。因此，相较于其他河段，口门处一般风高浪急，但堤岸十分稳固。

## 百年内六门变八门

珠江口门既是大自然的杰作，也是人类参与的结果。自秦汉始，随着岭南的开发，珠江流域人口不断增多，水系输沙量大幅提升。南下移民为了生存，开始主动在河口区围堤造田，是为沙田。唐宋以后，随着几次大规模人口南迁，沙田淤积加快。特别是到了明代，朝廷鼓励屯田，珠江三角洲海岸线每年向南推进十几米。明末，广州南部海岸线抵达中山一带，清末则推至今珠海斗门一带。

到清代晚期，珠江水已循六大入海口出海，即历史上的“六门出海”。东边有虎门、蕉门、横门，俗称东三门；西边有磨刀门、虎跳门和崖门，俗称西三门。这些口门也是珠三角的河流与海洋的分界线，口门之内盐度较低，属河流淡水；口门之外，潮汐现象明显，水体盐度高，属于明显的海洋水体。

清末民初，珠三角地区进入又一次大开发。滔滔珠水裹挟大量泥沙，在横门与蕉门间的乌珠大洋上冲积出一片浅滩沙洲，东莞明伦堂（学宫）在此围垦，希望在汪洋巨浸之中造出万顷沙田，万顷沙因此而得名。20 世纪初，蕉门西侧又辟出一条水道，也就是今天的洪奇沥水道，其入海口则为洪奇门。洪奇门过去并不叫“门”，而是叫“沥”。珠江其他口门两侧，要么山头对峙，如门之枢；要么江中岛屿矗立，龙盘虎踞，把守关门。但洪奇门的出口处却是一片平坦沙田，左邻万顷沙，右邻沙头围，口门洞开，无山无岛可依。后来，为统一八大口门的需要，它才改称洪奇门，成为八门入海中的第七门。

珠江八门中，洪奇门算是年轻的了，但最年轻的当数鸡啼门。鸡啼门水道自珠海斗门区尖峰山鬼仔角起，到金湾区红旗镇小木乃村入海，全长 24.5 公里，因河口形似雄鸡啼鸣而得名。鸡啼门并非珠江传统入海口门，而是在 20 世纪 50 年代末，白藤堵海防咸工程中江水改道而成。

至此，珠江“三江入粤，八门出海”的格局正式形成。八门分布在珠江三角洲自东至西长达 450 公里的海岸线上，最东是虎门，最西为崖门。东四门主要承接东江、北江和部分西江水，由伶仃洋汇入南海；西四门承接西江和北江之水，主要在黄茅海等处注入南海。

## 八门夺海　前程壮阔

### 1. 崖门

位于珠海与江门海域交界处，是广州溺谷湾残留的两条河口湾之一，全年属强潮流水道。

### 2. 虎跳门

位于珠海斗门区，“口门”为二山扶持，进潮量 56.7 亿立方米，落潮量 250.4 亿立方米，为强径流、弱潮流河口。

### 3. 鸡啼门

位于珠海金湾区，汛期为强径流河，旱季为强潮流河，年输沙 496 万吨，有利于口外浅滩发育。

### 4. 磨刀门

位于珠海横琴岛西侧，是西江主要水道，落潮量远大于涨潮量，为各口门之冠。为强径流河，输沙量为八门之冠。

## 5. 横门

位于中山火炬高新技术开发区，进潮量 132.5 亿立方米，落潮量 483.1 亿立方米，上接鸡鸭水道，承接西江之水。

## 6. 洪奇门

位于广州南沙区，在万顷沙西，系因蕉门外移而形成的新出海口，为北江主要出海水道，有“口门”之名，无“口门”之地质。

## 7. 蕉门

位于广州南沙区。清代蕉门在南沙北蕉门村处，万顷沙形成后，蕉门外移至万顷沙和南沙龙穴岛之间。

## 8. 虎门

位于广州南沙区与东莞之间，是广州溺谷湾残留的两条河口湾之一，承接东江及部分西江、北江之水，是我国黄金水道之一。

# 塑造独特人文风貌

第十章·第二节

## 崖门留芳　忠烈风骨

翻开世界地图，世界大江大河中，有多个入海口的不止珠江一个，比如尼罗河、恒河、密西西比河等，都有多个入海口。但像珠江一样“八门入海”的非常少见，在中国大江大河中更是独一份。这种独特，与珠江三角洲独特的人文风貌息息相关，与广州人勤劳勇敢、开放包容的精神气质息息相关。

唐宣宗大中五年（851 年），阿拉伯商人苏莱曼来到广州经商。他在《苏莱曼东游记》中说：“再往前，就到中国门。这些门都是海面上浮出来的山，每一门是两座山，中间留出一个空档，海船就从空档里通过去……”这是迄今关于珠江口门最早的记载。当时，珠江八门尚未形成，苏莱曼描述的“中国门”很有可能是崖门或虎门其中之一。

崖门位于今江门新会，是崖门水道入海口，因东有崖山、西有汤瓶山，像一扇半开半掩的门，故名崖门。让崖门载入史册的，不是苏莱曼的记录，而是 700 多年前的宋元最后一战——崖山海战。南宋景炎元年（1276 年），元军攻陷南宋都城临安（今杭州），南宋名臣文天祥、陆秀夫、张世杰等拥立年幼的赵氏子弟为帝，从水路南撤广东，辗转至珠江口崖山建行宫。崖门一带地势险要，正适合建行宫。元军围攻崖山前夕，将被俘的宋丞相文天祥押往崖山前线。船舶经过珠江口伶仃洋（又称“零丁洋”）时，元军逼迫文天祥劝说还在崖山抵抗的陆秀夫、张世杰等人归降。文天祥不从，写下了名垂千古的《过零丁洋》，以明其志："人生自古谁无死？留取丹心照汗青。"

南宋祥兴二年（1279年），元军围攻崖山，宋军大败。张世杰葬身海底，陆秀夫背负8岁的南宋末代皇帝赵昺，纵身投入大海。文天祥在元军的海船上目睹了崖山海战的惨烈，写诗恸哭："谁雌谁雄顷刻分，流尸漂血洋水浑。"后来，他屡被威逼利诱，誓死不屈，最终以身殉国。"南宋三杰"的气节铭刻史册，千古流芳。正如《宋史通俗演义》尾声诗所言："一代沧桑洗不尽，幸存三烈尚流芳。"

也许是历史的机缘，崖山海战之后，崖门水道及腹地人文荟萃。明代岭南大儒陈献章是崖门附近的白沙里人，他对崖山忠烈极为敬重。明万历年间，陈献章在崖山修建大忠祠、望崖楼等，供后人凭吊，这些祠庙成了今天"宋元崖门海战文化旅游区"的主体。

清同治十二年（1873年），梁启超出生于新会熊子乡，即今天的茶坑村。崖门英烈很早就进入梁启超的视野。梁家祖墓在崖山，每逢清明节，梁启超的祖父梁维清就会领着儿孙坐船去扫墓，途经崖门时，还会讲起当年的忠烈故事，情到深处往往老泪纵横。

梁启超少年成名，对他一生起到关键作用的是康有为。康有为出生在南海丹灶苏村，离蕉门不远。与梁启超不同，康有为的科举仕途屡屡受挫。梁启超中举人时，康有为还是个监生。不过，梁启超折服于康有为的见识。从崖门到蕉门，两人相见恨晚，后来梁启超退出学海堂，成为广州万木草堂的弟子，走上曲折的救国之路。梁启超后来的文章常常慷慨激昂，家国之情溢于言表，既受到崖门忠烈的激励，也受到康有为的启发。清光绪二十八年（1902 年），梁启超在《论中国学术思想变迁之大势》中，首次提出“中华民族”的概念。这四个字，融入了中国上下五千年的文明，字字千钧。

崖门往东，便是虎跳门和磨刀门，流经今珠海斗门和横琴。虎跳门径流量小，而磨刀门径流量大。研究表明，磨刀门水道从明末到清代中叶才成形，因流经磨刀山与小托山之间，故得此名。此门输沙量为八门之冠，曾经的横琴岛，就因磨刀门水道泥沙淤积，由海岛变成现如今的半岛。

## 白浪如山过虎门

崖门忠烈传千古，虎门商贸行天下。人们对虎门并不陌生，林则徐就曾在虎门销烟。一提起虎门，不少人马上想到的是广东东莞虎门镇。作为珠江口门的虎门，位于广州市南沙区大角山和东莞市沙角之间。据地理学者曾昭璇考证，在漫长的地质活动中，珠江穿过狮子洋出口处的红层丘陵，形成两个岛屿，它们像两只老虎蹲守在狮子洋出口，水道口门便称虎门。虎门是珠江八门中最大的口门，承接所有东江之水以及部分西江、北江之水。虎门北面是宽约 2000 米的狮子洋，两侧有山岗对峙，又有数个小岛（大虎岛、小虎岛、上横档岛、下横档岛等）与其遥相呼应，扼守珠江口水道。这里水道狭窄，风大浪高，康有为曾在《过虎门》里写道："白浪如山过虎门。"因此，虎门可谓易守难攻，林则徐曾称虎门要塞为"金锁铜关"。

虎门也见证了广州海上贸易的繁华。从黄埔古港到珠江口之间有一段狭长的水道，水道出口就是虎门。早在明代，朝廷就派重兵驻防虎门。

清康熙二十三年（1684 年），朝廷解除海禁，在全国设立了江、浙、闽、粤四大海关，粤海关被誉为"中国第一关"，下辖省城大关等 7 个总口。省城大关下有两个主要挂号口，一个设在黄埔港（今黄埔古港），另一个就设在虎门水道的上横档岛，称"虎门税馆"。粤海关在此派驻官员，外国商船通过虎门，要向虎门税馆纳税，接受监管。康熙五十六年（1717 年），清廷批准两广总督杨琳在虎门修建炮台，最早的两个炮台就是位于今广州南沙的横档炮台和位于东莞的南山炮台。它们既是广州口岸的海防工事，也是粤海关掌控进出商贸的要塞。虎门炮台由此也被外国人称为"税台"。

广东省文物保护专家黄利平认为，虎门水道地理位置险要，且有炮塔护航，在当时的全国四大口岸中最为安全。这在一定程度上影响了清廷改"四口通商"为"一口通商"时的决策，使广州成了朝廷的选择。

"一口通商"后，广州外商云集。虎门是外国商船进出广州的门户，汇集万国商船。清代仲振履在《虎门览胜》中说："虎门距省百八十里，洋阔水深，乘潮驭风，不过一夜可到。十三行往来贸易，凡四十余国，莫不以虎门为总汇焉。"至今，广州南沙还保留着天后古庙、烟墩、税馆、航标灯塔等古建筑。

蕉门水道位于广州南沙，是珠江支流北江的出海水道口门。蕉门水道虽然暗礁很多，但水流总体较为平缓，故而一些商船为避虎门之险，也会选择蕉门水道。不过，随着江水挟带泥沙不断淤积，蕉门不断南移。清朝时，在南沙北部的蕉门村一带，随着泥沙沉积形成万顷沙后，蕉门也向外推至如今的万顷沙和南沙龙穴岛之间。

据史志文献记载，蕉门一带古时曾有海市蜃楼的奇观。清《新安县志》记载："龙穴洲，在西北，有蜃气，多蒸为楼观、城堞、人物、车盖往来之状，正月常见之。"相传，每逢年初三到年初五，当地人就会来到虎门的靖康盐场（龙穴岛对岸），等待观看海市蜃楼。当春雨如烟、水气如幕时，海上会突然出现琼台楼阁、闹市街巷的景象。宋代大文豪苏轼在南下广州时也曾慕名前往，以观奇景，可惜当天没有出现海市蜃楼，他只能抱憾而归。明代文学家陈琏曾有"蜃气起蛟室，珠光出龙宫。楼台时隐见，墟市见冥蒙"之句，说的就是今龙穴岛一带的海市蜃楼奇景。他还为苏东坡错失美景而感到遗憾，又写下了"登州景相类，赋咏怀坡翁"之句。

∧ 航拍南沙蕉门（莫伟浓摄）

# 潮起珠江湾区生辉

第十章·第三节

## “八门全开”向大海

河网纵横、三江交汇、八门入海，独特的地理构造既孕育了广州开放包容的多元文化，也淬炼出广州人“敢为天下先”的进取精神。如今，数条跨江越海工程如卧波长虹，在珠江口织就一张巨大的交通网，将珠江两岸的城市群编织成命运与共的时空共同体。

凌空俯瞰，整个珠江入海口山海连城，网的顶部为广州、佛山，右为东莞、深圳、香港，左为中山、珠海、澳门，周边则有惠州、江门、肇庆。港珠澳大桥、深中通道、虎门大桥、南沙大桥、黄埔大桥……一座座大桥由南往北次第展开，犹如一条条七彩玉带，萦绕在这块碧波之上，在风起云涌之间形成一道绚丽的风景线。

1997 年，虎门大桥首开“天堑变通途”的序章，连接广州市南沙区与东莞市虎门镇。这是中国自行设计建造的第一座特大型悬索桥，也是珠江口首座跨江跨海大桥。它使两岸行车里程缩短了 120 多公里，极大地促进了珠江口城市的交流。然而珠江东西两岸的人流、物流往来，远非一两座大桥所能满足。

2018 年港珠澳大桥的落成更让世界瞩目。这座全长约 55 公里的世纪工程，横卧伶仃洋，造型轻巧美观，与当地自然生态景观浑然天成，不仅连接了香港、珠海、澳门三地，还成为粤港澳大湾区互联互通的超级大桥，极大地促进了珠江口人流、车流、物流。2024 年，经港珠澳大桥珠海公路口岸出入境的客流与车流分别超过 2700 万人次和 555 万辆次，创历史新高。据拱北海关统计，自港珠澳大桥开通以来，截至 2024 年 12 月，经港珠澳大桥珠海公路口岸进出口总值累计突破 1 万亿元。

2019 年 4 月，南沙大桥建成通车，飞跨珠江两岸，串联广、深、佛、莞。

2024 年 6 月，深中通道开通。它是集“桥、岛、隧、水下互通”为一体的跨海集群工程，创下 10 项“世界之最”。深中通道沟通珠三角“深莞惠”与“珠中江”两大功能组团，使珠江口东西两岸进入“半小时生活圈”。

2024 年 12 月，继深中通道之后，黄茅海跨海通道正式“上岗”，在珠江口再次画下“关键一横”。黄茅海跨海通道通车后，从珠海金湾到江门台山的通行时间从 1 个多小时缩短为 30 分钟左右。

此外，狮子洋通道、莲花山通道等在建和规划中的跨江、跨海通道，将不断完善大湾区的交通网络，让大湾区城市群更加紧密地联系在一起，使“朝饮西关早茶，午啖横琴生蚝，夜临浪漫维港”的生活愿景成为现实，并持续为这片热土注入澎湃动能。散落在“八大口门”的城市群直接“牵手”，共同打造一个令世人瞩目的粤港澳大湾区。

“八门全开”的全新故事在这里上演！

^ 港珠澳大桥（杨耀烨摄）

^ 深中通道（莫伟浓摄）

## 咸淡水交融造就鱼类乐园

2024年3月，央视综合频道播出一档名为《2024秘境之眼——大湾区水中精灵》的节目。镜头下，生活在珠江口的中华白海豚，时而吐水泡泡，时而戏水玩耍，时而跳出水面，顽皮可爱、悠然自得。

中华白海豚是国家一级保护动物，素有“海上大熊猫”之称，被视为海洋生态系统的“指示物种”。目前，珠江口拥有最大的中华白海豚种群，数量超过2000头。这里之所以成为它们的美好家园，归功于珠江8个入海口。

大量淡水经由珠江八门，注入海洋，咸淡水交融，非常适合各种鱼类生活繁衍。这里既有肥美厚实的海鱼，又有细腻甜美的淡水鱼，为中华白海豚提供丰富的美食。加上水温、盐度适中，中华白海豚乐于“安家”于此。

不止中华白海豚，珠江口这种特殊的地质地貌，为这片土地提供了丰富的水产资源，特别是鱼虾和贝类。水的盐度会改变鱼虾的品质，让它们肉更脆、味更美。因此，生长在入海口咸淡交接水域的海鲜，味道更好。

三四月是吃曹虾的时节。珠江口的曹虾个头娇小，但品质上乘，有“广东虾王”之称，民间有“千虾万虾，不如曹虾”之说。其特点在于吃的时候不需要去壳、去虾线，且煮熟后不会变色，透明虾壳包裹下的虾肉依然保持着原本的樱花般的粉白色。而东莞虎门的麻虾，形似弯月，细长匀称，壳薄、肉脆。

珠江口除虾之外，又有膏蟹。清人《竹枝词》有云："西风报道明虾美，还有膏黄蟹更肥。"珠海更是以美味海鲜而著称，虾类、鱼类、贝类、蟹类远近闻名。

正因为大自然的馈赠，珠江口很早就有人类居住。他们以海洋为生计，世代繁衍，生生不息。在广州南沙、东莞虎门、佛山三水及南海灶岗，都有贝丘遗址。所谓的贝丘遗址，指包含大量古代人类食留抛弃的贝壳为特征的遗迹，是人类活动遗迹的最早证据。人们在此聚居，积累与大江大海、咸淡水相处的智慧，也展现了湾区人与自然和谐共生的美好画卷。

^ 珠江口中华白海豚（杨耀烨摄）

# 后记

广州，既是创新活力之城，也是历史文化之城。建城2200多年来，广州积淀了深厚的历史底蕴和文化内涵，是岭南文化的中心地和发源地之一。

2022年伊始，广州日报开辟《读懂广州·粤韵周刊》专栏，挖掘并展现岭南文化从涓涓细流到江河汇流的壮阔历程。为此，创作团队立足广州，奔赴佛山、中山、东莞、惠州、阳江、梅州、潮州、汕头、韶关等广东省内城市以及云南、四川等地，将分散在各地、各个领域的历史遗迹、历史事件、代表人物、古街古巷、名山大川，以及日常生活中的风物习俗、饮食习惯、文化娱乐等广府文化符号串珠成链，探寻那些至今仍闪烁光芒的人文精神，内容涉及自然山水、传统风俗、文化艺术、风土人情、饮食特色、城市建设等。

专栏推出三年多以来，受到读者一致好评。为了更好地传承弘扬岭南文化，我们在《读懂广州·粤韵周刊》的基础上编写了这套“老城市 新活力”丛书之“带你读懂广州”书系。本书系共分为五册，分别是《带你读懂广州山脉》《带你读懂广州水脉》《带你读懂广州城脉》《带你读懂广州商脉》《带你读懂广州文脉》，以帮助读者更为全面、系统地了解广州的过去和现在。

本书系在采写过程中，得到了王元林、叶曙明、刘小玲、刘金山、孙永生、纪德君、李宏卫、冷东、陈泽泓、陈鸿钧、赵伟斌、胡巧利、饶原生、黄剑丰、黄海妍、梁凤莲、程存洁、曾应枫、曾新、湛汝松、颜晖、潘剑明、禤文昊等众多学者、专家（排名不分先后）的帮助和指导，在此致以诚挚的感谢。

我们还要特别感谢曹子锵老先生，虽然已 90 多岁高龄，仍满怀热情地为本书提出宝贵的修改完善意见。

本书系尝试用文化视角、媒体语言来解读广州城市历史文化，大部分内容仍保留作品原有的新闻叙述风格，因此语言风格和编排逻辑有别于学术著作和历史专著，也不同于一般的新闻报道。由于水平和认识所限，时间仓促，丛书中所呈现的观点等仍有可能存在待商榷和推敲之处，祈请读者指正。

广州日报读懂广州工作室

二〇二五年五月